KB174838

동아시아와 儒學 그리고 退溪學

강희복

景仁文化社

많이 부족하지만,
이 책을 돌아가신 父母님께 바칩니다.

책을 내면서

이 책은 박사학위 논문을 쓰고 나서, 그동안 동양사상과 한국사상에 관하여 공부하면서 강의하고 발표했던 내용들을 중심으로 다시 정리해본 것이다.

'Earth from above'라는 작품집을 낸 프랑스의 유명한 사진작가인 Y.A.Bertrand이 감독한 'HOME'이라는 영화에, 다음과 같은 대사가 나온다.

"Earth is miracle, Life is mystery"

무한한 공간과 영원한 시간 속에서, Carl Sagan이 말한 '창백한 푸른 점'(Pale Blue Dot)과 같은 이 지구에 지적인 생명체인 사람으로 태어나, 느끼고 헤아리고 꿈꾸며 어울려 꼼지락거리고 있다는 것은 얼마나 놀라운 일인가?

몇 년 전에 哲學入門을 강의하다가, 있음과 사람/앎과 삶에 관하여 쓴 自作詩 한편을 이 책의 〈序詩〉로 적는다.

ㅇ 과 ㅅ

아무 것도 없지 않고,
무엇인가 있네.
그리고
새나 돌이나 꽃이 아니라,
나는 사람이야.

알고 싶어.

많이 아파하더라도

눈을 떠야지.

그리고

하루를 살더라도

잘 살고 싶네.

너와 함께

꽃과 함께

이 책은 1부 동아시아와 儒·道·佛 그리고 2부 한국사상과 退溪學으로 구성되었는데, 1부에서는 중국의 철학과 사상에 관하여 儒家(孔孟), 道家(老莊), 佛敎 및 新儒學(朱子學과 陽明學)을 중심으로 다루고, 2부에서는 한국의 철학과 사상에 관하여 原型(壇君神話), 元曉와 知訥, 退溪와 栗谷, 實學(茶山)과 東學을 중심으로 다루고 있다.

필자는 고등학교 때부터 詩를 쓰다가 철학을 공부하게 되었으며, 철학을 공부하면서 詩想(Inspiration)이 떠오를 때마다 시를 쓰고 있다. 대학에 들어갈 때에는 철학이 무엇인지도 잘 모르면서 서양철학이 철학의 전부라고 생각하고 儒學(儒敎)을 무척 싫어했었지만, 학부에서 서양철학과 동양철학을 공부하다가 대학원에서 동양철학 가운데 儒學을 중심으로 공부하면서 詩人的 哲學者로서의 退溪 先生을 만나게 되었다. 이런 과정을 '因文入道'하게 되었다고 할 수 있을까?

栗谷 先生은 50세를 살지 못하셨지만, 退溪 先生은 50세 이후 70세 까지 20년 동안에 '學而不厭, 誨人不倦'(論語) 혹은 '學不厭, 敎不倦'(孟子)하려고 精進하시며 많은 저술을 남기시고 많은 제자들을

가르치셨다. 율곡 선생처럼 天才는 되지 못하지만, 퇴계 선생이 그렇게 하신 것처럼 50세 이후 더욱 精進해보고 싶다.

필자는 마음공부와 즐거움(樂)의 문제, 儒學(儒敎)의 종교성 그리고 詩와 철학의 만남에 관하여 많은 관심을 가지고 있다. 그리고 이 책의 구체적인 내용들은 앞으로 공부해가면서 지속적으로 수정(보완)하려고 한다.

2014년 7월,
지구 그리고 한국에서
姜熙復

\<목 차\>

제1부 동아시아와 儒·道·佛

1. 동양사상을 어떻게 이해할 것인가?

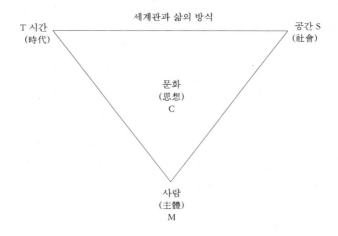

1) 시간(時代)과 공간(社會) 그리고 사람(文化)

우리는 眞空 속에서 사는 것이 아니라 어떤 時間과 空間 속에서 文化를 숨쉬며 살고 있고, 그 문화 속에는 어떤 思想이 녹아 있으며 그 사상은 우리의 意識 속에서 지하수처럼 흐르고 있다.

따라서 내가 어떤 時代와 社會 그리고 어떤 문화 속에서 살고 있는가를 잘 이해함으로써, 나는 누구이며 또한 앞으로 어떻게 살아야 하는가를 잘 이해할 수 있지 않을까?

그리고 우리는 '오래된 미래' 속에서 宇宙와 人生에 관한 깊은 통찰(Insight)과 살아있는 지혜(Wisdom)를 발견할 수 있다.

2) 동양사상: 마음공부와 생태학적 세계관

인류의 문화와 역사 속에서는 몇 가지 類型의 대표적인 세계관과 삶의 方式이 제시되었는데, 그 가운데에서도 孔孟과 老莊 그리고 석가모니에 의해서 原型이 제시된 儒家와 道家 및 佛敎의 세계관과 삶의 방식은 중국·한국·일본을 중심으로 하는 동아시아(East Asia)의 사상과 문화를 이해하는데 중요한 의미를 지니고 있다.

이러한 동양의 사상은 기본적으로 마음공부와 생태학적 세계관의 통합으로 이루어져 있다고 할 수 있다. "어떻게 하면 마음공부(修養·修行·修道)를 통하여 자기중심적 그리고 인간중심적 사고와 태도로부터 벗어나서, 다른 사람들과 잘 어울려 살며 또한 동물과 식물을 포함한 우주만물의 연관성에 눈을 뜨고 우주만물과 잘 어울려 살 수 있는가?" 이것은 다시 말하면 主體의 변화와 宇宙的 어울림의 문제라고 할 수 있다.

3) 儒·道·佛의 문제는 무엇인가?

*어떻게 하면 사람답게 살 수 있는가?(儒家) : 仁과 忠恕, 性善說
*어떻게 하면 자연스럽고 자유롭게 살 수 있는가?(道家) : 無爲自然과 逍遙遊
*어떻게 하면 지혜롭게 살 수 있는가?(佛敎) : 衆生/無明→Buddha/般若

4) 중국의 철학과 사상(4단계)

(1) 春秋戰國(B.C.770-B.C.221) : 諸子百家

가. 司馬遷의 『史記』 「太史公自序」 : 6학파(단점과 장점)

　　陰陽家, 儒家, 墨家, 法家, 名家, 道德家

나. 班固의 『漢書』 「藝文志」 諸子略 : 10학파(官職과의 연관성)

　　儒家, 道家, 陰陽家, 法家, 名家, 墨家, 縱橫家, 雜家, 農家, 小說家

(2) 漢唐시대(B.C.206-A.D.220/220-618/618-907)

가. 儒學 : 漢武帝와 董仲舒(B.C.179-104) / 經學·訓詁學

나. 道敎와 玄學 : 三玄 / 無와 有, 自然과 名敎의 문제

다. 佛敎 : 格義와 敎相判釋

　　　　　宗派-天台宗과 華嚴宗 / 禪宗

(3) 宋明淸시대(960-1279/1279-1368/1368-1644/ 1644-1912)

*新儒學-孔孟의 사상을 기초로 道家(道敎)의 형이상학 및 佛敎의
　　심성론을 비판적으로 종합하여 새로운 체계를 세움

가. (宋) 北宋五子와 朱熹 : 『宋史』(道學列傳)

　　周濂溪(1017-1073) : 『太極圖說』 『通書』

　　張橫渠(1020-1078) : 『正蒙』 「西銘」

　　邵康節(1011-1077) : 『皇極經世書』 觀物內外篇

　　程明道(1032-1085) : 「識仁篇」 「定性書」

　　程伊川(1033-1107) : 「顔子所好何學論」 「四箴」

　　朱子學 / 理學

　　　　朱熹(1130-1200) : 理氣論, 心性論, 居敬窮理

　나. (明) 陽明學 / 心學
　　　　　王守仁(1472-1529) : 心卽理, 知行合一, 致良知, 四句敎
　다. (淸) 實學·氣哲學·考證學

　　(4) 現代 : 5·4 신문화운동(1919, 과학과 민주)/문화대혁명
　　　　　　(1966-1976)

　　◎「論六家之要指」(太史公自序)

*天下一致而百慮, 同歸而殊塗. (周易, 繫辭·下)
　←"天下何思何慮? 天下同歸而殊塗, 一致而百慮. 天下何思何慮?"
*此務爲治也, 直所從言之異路, 有省不省耳.

　1. 陰陽家 : 大祥而衆忌諱 / 使人拘而多所畏 ←敎令
　　　　　　　序四時之大順(不可失也)

　2. 儒家 : 博而寡要, 勞而少功 / 是以其事難盡從 ←經傳/累世不能
　　　　　通其學, 當年不能究其禮
　　　　　其序君臣父子之禮, 列夫婦長幼之別(不可易也)

　3. 墨家 : 儉而難遵 / 是以其事不可徧循 ←尊卑無別/世異時移 事
　　　　　業不必同
　　　　　其彊本節用(不可廢也)

　　　*兼愛, 非命, 非功, 尙賢, 尙同, 天志, 明鬼, 節用, 節葬, 非樂
　　　*楊朱爲我是無父, 墨氏兼愛是無君. (孟子, 藤文公·下)
　　　*天下兼相愛則治, 交相惡則亂. (兼愛·上)

*順天意者 兼相愛交相利 必得賞, 反天意者 別相惡交相賊 必
　得罰. (天志·上)

4. 法家: 嚴而少恩 ←不別親疎, 不殊貴賤 / 一斷於法則 親親尊尊
　　　　之恩絕
　　　　其正君臣上下之分(不可改也) ←尊主卑臣

5. 名家: 使人儉而善失眞 ←專決於名而失人情
　　　　其正名實(不可察也) ←控名責實(引名責實)

6. 道德家: 使人精神專一, 動合無形, 贍足萬物 ←以虛無爲本, 以
　　　　　因循爲用
　　　　　與時遷移, 應物變化 ←因時爲業, 因物與合
　　　　　指約而易操, 事少而功多 ←其實易行, 其辭難知
　　　　　去健羨, 絀聰明

　*道常無爲而無不爲. (37장)
　爲學日益, 爲道日損, 損之又損, 以至於無爲, 無爲而無不爲.
　(48장)
　*萬物不尊道而貴德, 道之尊德之貴, 夫莫之命而常自然. (老子
　51장)
　*心齋: 耳→心→氣(虛)/專一(用志不分)
　坐忘: 墮肢體, 黜聰明, 離形去知, 同於大通. (莊子)
　　　　←忘外(忘物)/忘內(忘己-忘形·忘心)
　*天地之間 有理有氣, 理也者 形而上之道也 生物之本也, 氣也
　者 形而下之器也 生物之具也. (答黃道夫)

*이성규(편역), (수정판)사기(중국 고대사회의 형성), 서울대 출판부(1987/2007)

◎班固, 『漢書』·藝文志(諸子略)

*(唐)顏師古註 / (淸)王先謙補註
*漢書藝文志考證(宋 王應麟)
 漢書藝文志拾遺·漢書藝文志條理(淸 姚振宗)

*劉向, 別錄
 劉歆, 七略(輯略·六藝略·諸子略·詩賦略·兵書略·術數略·方技略)

*六藝略(易·詩·書·禮·樂·春秋)과 論語·孝經·小學
*諸子略(儒家·道家·陰陽家·法家·名家·墨家·縱橫家·雜家·農家·小說家)

1. 儒家者流, 蓋出於司徒之官, 助人君順陰陽明敎化者也.
   游文於六經之中, 留意於仁義之際, 祖述堯舜, 憲章文武, 宗師
   仲尼, 以重其言, 於道最爲高.

2. 道家者流, 蓋出於史官, 歷記成敗存亡禍福古今之道,
   然後知秉要執本, 淸虛以自守, 卑弱以自持, 此君人南面之述也.

3. 陰陽家者流, 蓋出於羲和之官 … 舍人事而任鬼神.

4. 法家者流, 蓋出於理官, 以信賞必罰, 以補禮制. … 無敎化, 去仁
   愛, 專任刑法.

5. 名家者流, 蓋出於禮官. 古者名位不同, 禮亦異數.

6. 墨家者流, 蓋出於淸廟之守. … 貴儉, 兼愛, 尙賢, 右鬼, 非命, 上
   同, 見儉之利, 因以非禮, 推兼愛之意, 而不知別親疏.

7. 縱橫家者流, 蓋出於行人之官. … 其當權事制宜, 受命而不受辭.

8. 雜家者流, 蓋出於議官. 兼儒墨, 合名法.

9. 農家者流, 蓋出於農稷之官. … 八政 一曰食, 二曰貨.

10. 小說家者流, 蓋出於稗官.

*凡諸子百八十九家, 四千三百二十四篇.
　諸子十家, 其可觀者九家而已.
　易曰 天下同歸而殊途, 一致而百慮.
　今異家者各推所長, 窮知究慮, 以明其指, 雖有蔽短, 合其要歸, 亦
　六經之支與流裔.
　若能修六藝之術, 而觀此九家之言, 舍短取長, 則可以通萬方之
　略矣.

*오만종(外) 공역, 중국 고대 학술의 길잡이(『漢書·藝文志』 註解), 전남대
　출판부(2005)

2. 儒學이란 무엇인가? (근원·주체·관계)

중국의 春秋戰國시대에 孔子(B.C.551-B.C.479)에 의하여 그 씨앗이
뿌려지고, 漢唐을 거쳐 南宋의 朱熹(1130-1200)에 의하여 새롭게 체계
화된 儒學(儒敎)은 16세기 朝鮮의 退溪(1501-1570)와 栗谷(1536-1584)에

이르러 꽃피었으며, 지구촌·정보혁명·세계화의 시대를 살고 있는 우리의 삶과 文化와 意識 속에도 지하수처럼 녹아 흐르고 있다.

　유학은 기본적으로 주체의 변화(修己·明明德)와 사회적 실천(安人·新民)을 통해서 仁을 실현하고 聖人이 되는 것을 추구하는 사상(仁學·聖學)이라고 할 수 있다.[1] 그리고 이러한 유학은 사람(人)·삶(生)·사랑(仁)의 문제를 기본으로 도덕·교육·정치(인간학)를 중요시하는 수평적 차원(나와 너)과 하늘이 나에게 준 참된 본성(性)과 하늘의 뜻(天命)이 무엇인지를 알고(知天命/知天) 하늘의 뜻에 따라서 살려고 하는(事天) 노력을 통해서 天人合一을 추구하는 종교성(초월성)과 관련되는 수직적 차원(위에서 아래로/아래에서 위로)의 통합으로 이루어져 있다고 할 수 있다.[2] 다시 말하면 유학(유교)의 문제는 존재의 근원에 대한 관심과 감사(知天/事天), 주체의 변화와 자유(克己/修己), 관계 속의 어울림과 실천(愛人/愛物) 혹은 "(존재의 근원에)감사하고, (존재자들끼리)사랑하자"라고 요약해볼 수 있지 않을까? 그리고 이런 儒學(儒敎)의 문제를 다음과 같이 詩的으로 표현할 수 있지 않을까?

　　　나와 너, 그리고 님을 그리며

　　　스스로 잘 닦고 다스리며
　　　벗들과 잘 어울려 꼼지락거리고

---

1) 『論語』, 憲問. 子路問君子. 子曰: 修己以敬. 曰: 如斯而已乎? 曰: 修己以安人. 曰: 如斯而已乎?曰: 修己以安百姓. 修己而安百姓, 堯舜其猶病諸.
　　『大學』, 經1章. 大學之道, 在明明德, 在新民, 在止於至善.
2) 『論語』, 憲問. 子曰: 不怨天不尤人, 下學而上達, 知我者其天乎.
　　『中庸』, 第1章. 天命之謂性, 率性之謂道, 修道之謂敎.
　　『孟子』, 盡心·上. 孟子曰 盡其心者, 知其性也. 知其性, 則知天矣. 存其心, 養其性, 所以事天也. 夭壽不貳, 修身以俟之, 所以立命也.

님을 그리워하고

님의 뜻에 따라서 살려고 하는 가운데

오, 마음 속 깊은 곳으로부터

샘물처럼 솟아오르는 이 즐거움이여!

*이강수, 중국고대철학의 이해, 지식산업사(1999)
*김승혜, 유교의 뿌리를 찾아서, 지식의 풍경(2001)
*朱熹(撰), 四書章句集註, 中華書局(2010)
*성백효, (개정증보판)四書集註, 전통문화연구회(1990/2005)
*동양고전연구회, (개정판)論語, 지식산업사(2003/2005)

1) 孔子의 思想

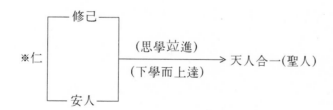

(1) 仁이란 무엇인가? (仁者 人也/愛人/忠恕/克己復禮)

*子曰 誰能出不由戶? 何莫由斯道也? (雍也)
　　누가 창문을 통하지 않고 밖으로 나갈 수 있겠는가? 왜 이 道
　　에 따라서 살지 않는가?

*子曰 參乎! 吾道一以貫之. … 曾子曰 夫子之道 忠恕而已矣. (里仁)
　忠(中+心)·恕(如+心)┌소극적 : 己所不欲 勿施於人. (顏淵/衛靈公)
　　　　　　　　　　└적극적 : 己欲立而立人, 己欲達而達人. (雍也)

(2) 배움(學)과 가르침(敎)에 관하여

*子曰 黙而識之, 學而不厭, 誨人不倦, 何有於我哉? (述而)
　　　　묵이지지　　　학이불염　　회인불권　　하유어아재
　　말없이 기억하며, 배우되 싫어하지 않고, 가르치되 게을리 하

　　지 않는 것, 이 가운데 어느 것이 나에게 있겠는가?

*子曰 古之學者 爲己, 今之學者 爲人. (憲問)
　　　　고지학자　위기　금지학자　위인
　　옛날의 학자들은 爲己하였는데, 오늘날의 학자들은 爲人한다.

*子曰 賜也, 女以予爲多學而識之者與? 對曰 然, 非與? 曰 非也,
　　　　사야　여이여위다학이지지자여　대왈 연 비여　왈 비야
　　　여 일이관지
　子 一以貫之. (衛靈公)
　　"子貢아, 자네는 내가 많이 배우고 그것을 기억하는 사람이라

　　고 생각하는가?" (자공) "그렇습니다. 아닙니까?" (공자) "아니다.

　　나는 하나로써 모든 것을 꿰뚫었느니라."

*子曰 由, 誨女知之乎? 知之爲知之, 不知爲不知, 是知也. (爲政)
　　　　유　회여지지호　지지위지지　부지위부지　시지야
　　子路야, 자네에게 앎이 무엇인지를 가르쳐줄까?

　　아는 것은 안다고 하고, 모르는 것은 모른다고 하는 것, 이것

　　이 참으로 아는 것이다.

*子曰 學而不思則罔, 思而不學則殆. (爲政)
　　　　학이불사즉망　　사이불학즉태
　　배우기만 하고 헤아리지 않으면 어둡고, 헤아리기만 하고 배

　　우지 않으면 위태롭다.

*子曰 不怨天 不尤人, 下學而上達, 知我者其天乎! (憲問)
　　　　불원천　불우인　하학이상달　지아자기천호
　　하늘을 원망하지 않고 다른 사람을 탓하지 않으며, 아래로부

　　터 배워 위에 이르니, 나를 알아주는 것은 하늘이로구나!

*子曰 知之者 不如好之者, 好之者 不如樂之者. (雍也)
　　　　지지자　불여호지자　호지자　불여락지자
　　아는 것은 좋아하는 것만 못하고, 좋아하는 것은 즐기는 것만 못

　　하다.

*子曰 吾十有五而志于學, 三十而立, 四十而不惑, 五十而知天命,
六十而耳順, 七十而從心所欲不踰矩. (爲政)
나는 15세에 배움에 뜻을 두었고, 30세(自立), 40세(不惑), 50세
(知天命), 60세(耳順)하였으며, 70세에 하고 싶은 대로 하여도
法度에 어긋나지 않았다.

*子曰 不憤不啓, 不悱不發, 擧一隅不以三隅反, 則不復也. (述而)
憤하지 않으면 啓해주지 않고, 悱하지 않으면 發해주지 않으
며, 한 모서리를 들어주었는데 세 모서리로 대답하지 않는다
면, 다시 가르쳐주지 않는다.

*子曰 求也退, 故進之. 由也兼人, 故退之. (先進)
←子路·冉有·公西華

冉有는 退하므로 나아가게 하였고, 子路는 兼人하므로 물러가
게 한 것이다.

(3) 도덕(禮)과 예술(樂)에 관하여

*子曰 興於詩, 立於禮, 成於樂. (泰伯) ←仁과 禮樂(八佾)
詩에서 興起시키며, 禮에서 自立하며, 樂에서 완성한다.

*子在齊聞韶, 三月不知肉味, 曰 不圖爲樂之至於斯也. (述而)
공자께서 제나라에 계실 때 韶라는 음악을 듣고, 3개월 동안
고기 맛을 잊었으며, 음악을 만든 것이 이런 경지에 이르게
될 줄은 알지 못하였다고 하셨다.

*子與人歌而善, 必使反之, 而後和之. (述而)
공자께서는 다른 사람과 함께 노래할 때 잘 하면, 반드시 다
시 부르게 하시고, 그 뒤에 따라 부르셨다.

(4) 자연(山水)과 생명에 대하여

*子曰 ^{지 자 요 수}智者樂水, ^{인 자 요 산}仁者樂山. (雍也)
　　지혜로운 사람은 물을 좋아하고, 어진 사람은 산을 좋아한다.

*子^{자 조 이 불 망}釣而不網, ^{익 불 사 숙}弋不射宿. (述而)
　　공자께서는 낚시질은 하였지만 그물로는 잡지 않으셨고, 화
　　살은 쏘았지만 자는 새는 잡지 않으셨다.

2) 孟子의 思想

"지금 죽는 것을 싫어하면서 어질지 못한 짓을 즐기는 것은
마치 취하는 것을 싫어하면서 억지로 술을 마시는 것과 같다."
　(今惡死亡而樂不仁 是猶惡醉而强酒. 離婁·上)

(1) 닭이나 개를 잃어버리고는 찾을 줄을 알면서도…

　맹자(B.C.372-289)는 공자보다 약 100년 뒤에 태어나서 활동하였
는데, 공자의 손자인 자사(子思)의 문인에게서 배웠다. 맹자는 그
시대에 유행하고 있던 사상을 비판하였는데, 이런 사상들 가운데
특히 극단적 이기주의(爲我)를 주장했던 양주(楊朱)에 관하여 "임금
조차 부정하게 된다(無君)"라고 비판하였고, 보편적 사랑(兼愛)을
주장했던 묵자(墨子)에 관하여 "부모조차 부정하게 된다"(無父)라고
비판하였다.

　공자는 인(仁)을 실천하는 구체적인 방법으로서 충서(忠恕)를 제
시하였는데, 맹자는 공자가 제시한 이러한 인(仁)의 사상을 기초로
인간의 본성은 선하다는 성선설(性善說)을 주장하였으며 또한 이상
적인 정치로서의 왕도(王道)·인정(仁政)을 실현해보려고 하였다.

　맹자는 사랑(仁)과 정의(義)에 관하여, 다음과 같이 말한 적이
있다.

스스로를 해치는(自暴) 사람과는 함께 이야기할 수 없고, 스스로를 버리는(自棄) 사람과는 함께 일을 할 수 없다. 말로서 예의(禮義)를 비난하는 것을 자포(自暴)라고 하고, 나는 인(仁)에 머물고 의(義)를 실천할 수 없다고 하는 것을 자기(自棄)라고 한다.

인(仁)은 사람의 편안한 집이며, 의(義)는 사람의 바른 길이다. 편안한 집을 비워두고 살지 않으며, 바른 길을 버리고 가지 않으니, 슬프도다!

(仁 人之安宅也, 義 人之正路也. 離婁·上)

인(仁)은 사람의 마음이고, 의(義)는 사람의 길이다. 그 길을 버리고 가지 않으며, 그 마음을 잃어버리고 찾을 줄을 모르니, 슬프도다! 사람들은 닭과 개를 잃어버리면 찾을 줄을 알면서도, 자기의 마음(心)을 잃어버리고는 찾을 줄을 모른다. 학문하는 방법은 다른 데 있는 것이 아니라, 그 잃어버린 마음을 찾는 것(求放心)일 뿐이다.

(仁 人心也, 義 人路也. … 學問之道無他 求其放心而已矣. 告子·上)

맹자가 말한 '자포자기(自暴自棄)'란 단순히 어떤 일을 해나가다가 중간에 그만두는 것을 말하는 것이 아니라, 스스로의 가능성을 부정하고 아무렇게나 사는 것을 의미한다. 오늘의 우리들의 삶은 물질과 돈의 노예가 되어, 닭과 개를 잃어버리고는 찾을 줄을 알면서도 자기의 마음(心)을 잃어버리고는 찾을 줄을 모르는 그런 사람과 같은 것은 아닐까?

맹자는 인자(仁者)에 관하여 다음과 같이 말하였다.

仁한 사람은 활쏘기하는 것과 같다. 활을 쏘는 사람은 자신을 바르게 한 뒤에 쏘며, 쏘아서 맞지 않더라도 자신을 이긴 사람을 미워하지 않으며, 스스로를 돌아볼 뿐이다.(仁者如射. 射者 正己而後發, 發而不中 不怨勝己者, 反求諸己而已矣. 公孫丑·上)

(2) 물에 빠지려는 아이(孺子入井)와 우산의 나무(牛山之木)의 비유

맹자는 "태어날 때 인간의 본성 그 자체는 선한 것도 악한 것도 아니다"라는 고자(告子)의 성무선악설(性無善惡說)을 비판하였고, 공자의 인(仁)의 사상을 이론적으로 체계화하면서 인간의 본성은 선하다는 성선설(性善說)을 주장하였다. 그렇다면 어떤 근거에서 인간의 본성이 선하다고 주장할 수 있으며, 또한 인간의 본성이 선하다면 왜 인간은 잘못을 저지르게 되는가? 맹자는 이런 선(善)의 근거와 악(惡)의 이유(원인)에 관하여, 물에 빠지려는 아이(孺子入井)의 비유와 우산의 나무(牛山之木)의 비유를 들어 구체적으로 설명하고 있다.

맹자는 "사람이 동물과 다른 것은 미묘하다(人之所以異於禽獸者幾希"(離婁·下), "입(口)과 귀(耳)와 눈(目)은 공통적으로 좋아하는 것(同耆·同聽·同美)이 있는데, 마음이 공통적으로 그러한 것(心之所同然者)은 진리(理)이고 정의(義)이다. 성인이란 내 마음이 공통적으로 그러한 것을 먼저 깨달은 사람이며, 진리(理)와 정의(義)가 내 마음을 기쁘게 하는 것은 고기가 내 입을 기쁘게 하는 것과 같다"(告子·上)라고 하면서, 다음과 같이 말하였다.

> 지금 어떤 사람이 문득 어린아이가 우물 속으로 들어가려는 것을 보게 된다면 누구나 깜짝 놀라며 불쌍히 여기는 마음(惻隱之心)이 일어나게 되는데, 이것은 어린아이의 부모와 잘 지내보려고 그런 것도 아니고 마을사람들과 벗들로부터 칭찬을 받기 위해서 그런 것도 아니며 비난하는 소리가 듣기 싫어서 그런 것도 아니다.
>
> 이러한 것을 통해서 볼 때, 측은지심(惻隱之心)이 없다면 사람이 아니다. 측은(惻隱)·수오(羞惡)·사양(辭讓)·시비(是非)의 마음은 인(仁)·의(義)·예(禮)·지(智)의 실마리(端)이다. 사람이 사단(四端)을 가지고 있는 것은 팔

3. 道家란 무엇인가?

1) 老子의 思想
―아이처럼, 물 흐르듯이―

(1) 道란 무엇인가?

*道可道非常道, 名可名非常名. 無名天地之始, 有名萬物之母.(1장)
말할 수 있는 道는 영원한 도가 아니고, 부를 수 있는 이름은 영원한 이름이 아니다. 無名은 천지의 시작이며, 有名은 만물의 어머니이다.

*反者道之動, 弱者道之用. 天下萬物生於有, 有生於無.(40장) ←塞翁之馬(淮南子, 人間訓)
反은 道의 움직임이며, 弱은 도의 작용이다.
천하의 만물은 있음(有)에서 생겨나고, 있음(有)은 없음(無)에서 생겨난다.

*道常無爲而無不爲.(37장)
道는 늘 아무 것도 하지 않는 것 같지만, 하지 않는 것이 없다.
*萬物莫不尊道而貴德. 道之尊, 德之貴, 夫莫之命而常自然.(51장)

만물은 道와 德을 尊貴하게 여기지 않음이 없다.
道와 德이 尊貴한 것은 명령하지 않고, 늘 '스스로 그러하기' 때문
이다.

(2) 어떻게 하면 道를 알 수 있는가?

*爲學日益, 爲道日損, 損之又損, 以至於無爲, 無爲而無不爲.(48장)
爲學은 날마다 더해가고 爲道는 날마다 덜어가니, 덜어 내고 또 덜
어 내면 無爲에 이르는데, 아무 것도 하지 않는 것 같지만 하지 않
는 것이 없다.

*致虛極, 守靜篤, 萬物並作, 吾以觀復. … 知常曰明, 不知常, 妄作
凶.(16장)
虛를 이룸을 지극하게 하고 靜을 지킴을 독실하게 하여, 만물이 함
께 생겨남에 그 돌아감을 본다. …
常을 아는 것을 明이라고 하며, 常을 알지 못하면 어리석게 凶함을
짓게 된다.

(3) 道에 따르는 삶이란 어떤 것인가?

*人法地, 地法天, 天法道, 道法自然.(25장)
사람은 땅을 본받고, 땅은 하늘을 본받고, 하늘은 道를 본받고,
도는 '스스로 그러함'을 본받는다.

*聖人處無爲之事, 行不言之敎.(2장) ←爲無爲則無不治.(3장)
성인은 無爲로써 일을 처리하고, 말이 없는 가르침을 실천한다.

*名與身孰親? 身與貨孰多? 得與亡孰病? 是故甚愛必大費, 多藏必厚
亡. 知足不辱, 知止不殆, 可以長久.(44장)

이름과 몸 가운데 어느 것이 가까운가? 몸과 돈 가운데 어느 것이 중요한가? 얻음과 잃음 가운데 어느 것이 해로운가?

그러므로 너무 좋아하면 반드시 크게 소비하게 되고, 너무 많이 쌓아두게 되면 반드시 크게 잃게 된다.

만족할 줄 알면 부끄러움이 없게 되고 그칠 줄 알면 위태롭지 않아서, 오래도록 잘 살 수 있게 된다.

*專氣致柔, 能嬰兒乎!(10장)/復歸於嬰兒.(28장)/含德之厚, 比於赤子.(55장) ←見素抱樸 (19장)

氣에 맡겨 부드러움을 이루어, 아이처럼 될 수 있겠는가?

아이와 같은 상태로 돌아간다.

德을 두텁게 지닌 사람은 아이와 같다.

*上善若水. 水善利萬物而不爭, 處衆人之所惡, 故幾於道.(8장)

가장 좋은 것은 물과 같다. 물은 만물을 잘 이롭게 하지만 싸우지 않으며, 모두가 싫어하는 낮은 곳에 처하니, 道에 가깝다.

江海所以能爲百谷王者, 以其善下之.(66장)

강과 바다가 모든 시냇물의 왕이 될 수 있는 것은 스스로 낮추는 것을 잘 하기 때문이다.

天下之至柔, 馳騁天下之至堅.(43장) / 天下莫柔弱於水, 而攻堅强者莫之能勝.(78장)

천하의 가장 柔弱한 것이 천하의 가장 堅强한 것을 이긴다.

천하에 물보다 柔弱한 것은 없지만, 堅强한 것을 치는데 이것보다 나은 것은 없다.

人之生也柔弱, 其死也堅强. 堅强者死之徒, 柔弱者生之徒.(76장)

사람이 태어날 때는 柔弱하지만, 죽게 되면 堅强해진다.

堅强은 죽음의 무리이고, 柔弱은 삶의 무리이다.

*爲之於未有, 治之於未亂. 合抱之木 生於毫末, 九層之臺 起於累土, 千里之行, 始於足下.(64장)
아직 문제가 생기기 전에 처리하고, 아직 어지러워지기 전에 다스린다. 아름드리 나무도 털끝처럼 작은 싹에서 생기며, 구층이나 되는 집도 한 웅큼의 흙이 쌓여 이루어지며, 천리를 가는 것도 발아래서 시작된다.

*跂者不立, 跨者不行. (24장)
발끝으로 서는 사람은 잘 설 수 없고, 다리를 크게 벌리는 사람은 잘 걸을 수 없다.

2) 莊子의 思想
－잊고, 논다－

(1) 사람은 무엇에 얽매여 사는가?

사람은 근본적으로 어떤 한계를 지니고 있으며, 무엇에 얽매여 사는가? (衆人/有待의 상태) 그리고 어떻게 하면 이런 상태로부터 벗어날 수 있는가? (修道의 방법) 또한 수도(修道)를 통하여 이른 상태란 어떤 것인가? (眞人과 眞知/無待의 逍遙遊) 이러한 문제에 관하여 장자(莊子)는 어떻게 이야기하고 있는가?

　가. 장자는 사람이란 시간(時間)과 공간(空間)의 한계 속에서 살 수 밖에 없는 존재라는 것에 관하여 다음과 같이 이야기하고 있다.

　　내가 천지(天地)의 사이에 있는 것은 마치 작은 돌멩이와 나무가 커다란
　　산에 있는 것과 같다. 비로소 내가 보잘 것 없다는 것을 알았으니 또 무
　　엇을 가지고 자만하겠는가? 중국이 사해(四海) 속에 있는 것은 커다란 창
　　고 속에 좁쌀 한톨이 있는 것과 같지 않은가?
　　사람은 우주만물과 비교해보면 털끝이 말 몸 위에 있는 것과 같지 않은
　　가? (秋水)
　　천지(天地)에서 사람들이 사는 것은 흰말이 작은 틈 사이를 지나가는 것
　　과 같다. (知比遊)

　『Cosmos』의 저자 Carl Sagan이 말했던 것처럼, 우리가 살고 있는 지구(地球)란 무한한 우주의 바다에 떠있는 창백한 푸른 점(Pale Blue Dot)에 지나지 않으며, 영원한 우주의 나이에 비교해볼 때 인류가 지구에 출현한 것은 12월 31일 밤11시 59분 59초에 해당된다고 할 수 있다. 무한한 우주 그리고 영원한 시간 속에서, 사람이란 무엇이며 나는 누구인가?

　나. 장자는 또한 사람의 앎(지식)의 한계와 상대성에 관하여 다음과 같이 이야기하고 있다.

　　우물 속의 개구리와 함께 바다에 관하여 말할 수 없는 것은 그가 살고 있
　　는 공간에 얽매어 있기 때문이며, 매미와 함께 얼음에 관하여 말할 수 없
　　는 것은 그가 살고 있는 시간에 얽매어 있기 때문이며, 고리타분한 사람
　　과 도(道)에 관하여 말할 수 없는 것은 그가 배운 지식에 얽매어 있기 때
　　문이다. (秋水)

사람은 축축한 곳에서 잠을 자면 피부병도 걸리고 허리도 아프지만 미꾸
라지도 그러한가? 사람은 높은 나무 위에 올라가면 두려워서 어쩔 줄을
모르지만 원숭이도 그러한가? 뛰어난 미녀(美女)라고 하더라도 물고기는
숨어버리며 새는 날아가 버리니, 사람과 물고기와 새 가운데 누가 천하
(天下)의 정색(正色)을 안다고 할 수 있는가? (齊物論)
내가 어떻게 삶을 즐거워하는 것이 커다란 꿈이 아니라는 것을 알 수 있
겠는가? 내가 어떻게 죽음을 싫어하는 것이 어려서 고향(故鄕)을 떠나 객
지(客地)를 떠돌아다니면서 돌아갈 줄 모르는 사람과 같지 않다는 것을
알겠는가? … 내가 어떻게 저 죽은 사람들이 그가 처음에 삶을 추구했던
것을 후회하지 않으리라는 것을 알겠는가? (위와 같음)

어떻게 하면 우리는 우물 속의 개구리(井底之蛙)와 같은 자기중
심적 사고의 감옥으로부터 벗어날 수 있으며, 또한 인간중심적인
종족의 우상(idola)으로부터 벗어날 수 있는가?

(2) 어떻게 하면 이런 얽매임으로부터 벗어날 수 있는가?

장자(莊子)는 "하늘(天)이 하는 것을 알고 사람(人)이 하는 것을
아는 사람은 지극하다. …진인(眞人)이 있은 뒤에 진지(眞知)가 있
다"(大宗師)라고 하면서, 중인(衆人)의 얽매임(有待)의 상태로부터
벗어나는 수도(修道)의 방법에 관하여 심재(心齋)와 좌망(坐忘)을
제시하였다.

장자는 심재(心齋)에 관하여 "귀(耳)로 듣지 말고 마음(心)으로
들으며, 마음으로 듣지 말고 기(氣)로서 들어라. … 기라는 것은 허
(虛)하여 어떤 사물이라도 받아들일 수 있는 것이다. … 허(虛)하게
하는 것이 곧 마음의 재계(心齋)이다."(人間世)라고 하였다. 심재란
자기중심적 및 인간중심적 사고와 태도로부터 벗어나는 것으로서,
노자(老子)가 말한 마음(心)의 허(虛)와 정(靜)을 이루는 공부, 그리

고 비우고 또 비우는 위도(爲道)의 공부와 비슷한 것이다.

또한 장자는 좌망(坐忘)에 관하여 "몸을 잊고 지식을 버리며 크게 통하는 도(道)와 하나가 되는 것을 좌망(坐忘)이라고 한다"(大宗師)라고 하였다. 다시 말해서 좌망이란 앉아서 잊어버리는 것인데, 외적인 사물이나 규범(가치)을 잊어버리는 것(忘外/忘物)으로부터 시작하여 스스로의 존재 그 자체도 잊어버리는 것(忘內/忘己)이며, 망내(忘內)/망기(忘己)는 망형(忘形)과 망심(忘心)으로 이루어진다.

장자는 "도(道)의 관점에서 사물을 보면 사물들 사이에 귀천(貴賤)이 없지만, 어떤 사물(物)의 관점에서 다른 사물을 보면 자기는 귀(貴)하다고 하고 상대편은 천(賤)하다고 한다"(以道觀之, 物無貴賤, 以物觀之, 自貴而相賤. 秋水)고 하면서, "언어는 뜻을 표현하는 도구이므로, 뜻을 이해하면 언어를 잊어라."(言者所以在意, 得意而忘言. 外物)라고 하였다.

이와 함께 장자는 "오리의 다리는 비록 짧지만 그것을 이어주면 걱정거리가 되고, 학의 다리는 비록 길지만 그것을 잘라주면 슬퍼하게 된다"(騈拇)라고 하며, "인위적인 것으로써 자연적인 것을 해치지 말라"(無以人滅天, 秋水)고 하였고, "천지는 나와 함께 살고, 만물은 나와 더불어 하나가 된다"(天地與我竝生, 萬物與我爲一. 齊物論)라고 하면서 우주적 어울림(天和)과 우주적 즐거움(天樂)을 말하였다.

*이강수, 노자와 장자(무위와 소요의 철학), 길(1997/1998/2005)
*이강수 옮김, 노자/장자 I (內篇), 길(2007/2005)
*오강남 풀이, 도덕경/장자, 현암사(1995/1999)

4. 佛敎란 무엇인가? (문제·역사·세계관)

(四聖諦·三法印)

緣起 = 空(中道) → 慈·悲

↑

八正道(三學)

(上求菩提/自利)(下化衆生/利他)

불교의 근본적인 문제는 "왜 인생(人生)이 괴로운가?(衆生/無明) 그리고 어떻게 하면 모든 괴로움으로부터 벗어날 수 있는가?" 혹은 "어떻게 하면 지혜롭게 살 수 있는가?(般若/Buddha)"하는 것이라고 할 수 있다.

불교는 역사적으로 인도에서 원시(原始)/근본(根本)불교, 부파 (部派)불교(상좌부와 대중부), 대승(大乘)불교(中觀과 唯識), 밀교(密 敎)의 과정으로 전개되었고, 또한 중국에 한나라 초부터 전래되어 위진·남북조와 수당시대를 통하여 격의(格義)와 교상판석(敎相判 釋)의 과정을 거치면서 천태종(天台宗)·화엄종(華嚴宗)을 중심으로 하는 교종(敎宗)과 불립문자(不立文字)를 내세우는 선종(禪宗)이라 는 종파(宗派)가 형성되었다.

이런 불교적 세계관의 핵심은 연기설(緣起說), 공(空)과 중도(中 道), 자비(慈悲)라고 할 수 있다. 다시 말해서 팔정도(八正道) 혹은 계(戒)·정(定)·혜(慧) 삼학(三學)의 수행(修行)을 통하여 우주만물은 이것과 저것이 관계 속에서 존재하고 끊임없이 변화하기 때문에(諸 行無常) 실체(實體)가 없다(諸法無我)는 것을 깨달을 때, 있음(有)과 없음(無) 어느 한 쪽에 집착하지 않게 되고(中道), 너와 내가 둘이 아니며 내가 소중한 만큼 너도 소중하다는 자비(慈悲)가 우러나오 게 된다는 것이다. 연기(緣起)이기 때문에 공(空)이라는 것을 깨달

다. 理一分殊 ←하늘(天)에 뜬 달과 물(江湖)에 비친 달의 비유
　　蓋合而言之 萬物統體一太極也, 分而言之 一物各具一太極也.

(2) 인간학(윤리학) : 心性論(心統性情/未發·已發/本然之性·氣質
　　之性/性卽理/四端·七情)
　　*心主于身, 其所以爲體者 性也, 所以爲用者 情也, 是以貫乎動靜
　　而無不在焉.
　　*性者心之理也, 情者心之用也, 心者性情之主也.
　　*性是體, 情是用, 性情皆出于心, 故心能統之, 統如統兵之統, 言有
　　以主之也.

(3) 방법론(수양론) : 知·行(知先行後/知輕行重)과 居敬·窮理
가. 知와 行
　　知行常相須 如目無足不行足無目不見. 論先後知爲先 論輕重行爲重.
　　(知와 行은 항상 서로 따르는데, 비유하면 눈은 발이 없으면 갈
　　수 없고 발은 눈이 없으면 볼 수 없는 것과 같다. 先後를 말하면
　　知가 先이고, 輕重을 말하면 行이 重하다)

나. 居敬과 窮理
　　*蓋人心之靈莫不有知, 而天下之物莫不有理, 惟于理有未窮, 故其
　　知有不盡也. … 一旦豁然貫通焉, 則衆物之表裏精粗無不到, 而吾
　　心之全體大用不明矣.

　　*學者工夫唯在居敬窮理二事. 此互相發, 能窮理則居敬工夫日益進,
　　能居敬則窮理工夫日益密.
　　(학자의 공부는 오직 居敬窮理의 2가지 일에 있다. 이것은 함께
　　이루어지는데, 窮理할 수 있으면 居敬의 공부가 날마다 더욱 나아

가고, 居敬할 수 있으면 窮理의 공부가 날마다 더욱 구체화된다)

4) 陽明學(明) : 王守仁(1472-1529)의 哲學

*陸九淵(1139-1193) : 本心과 '心卽理' / 明理와 靜坐澄心 / "六經皆
我注脚"
*朱熹와 陸九淵 : 支離와 太簡/道問學과 尊德性←鵝湖之會(1175)
*陽明洞/陽明子, 兵法·辭章·佛敎, 『傳習錄』
英雄豪傑(군사적 전략과 정치적 기교)/낭만주의·신비주의(創造
와 活力)

(1) 心卽理/心外無理
*格物의 문제(대나무의 예) / 龍場悟道(34세)
가. 至善者 心之本體 / 心(心之本體·本心)과 理(心之條理)
나. 去人欲·存天理

(2) 心外無物/心外無善
가. 心·意·知·物(事) : 의식의 지향성과 대상(의미)
　　身之主宰便是心, 心之所發便是意, 意之本體便是知, 意之所在便
　　是物
나. 外物의 개관적 실재성의 문제(꽃의 비유)
　　(未看)此花與汝心同歸於寂, (看)此花顏色一時明白起來.

(3) 格物과 格心
가. 去(心之不正)→全(本體之正) / 格者 正也, 正其不正, 以歸於正也.
나. 窮理 / 存天理 / 明明德

(4) 知行合一 : 知(좁은 의미)·行(넓은 의미)

가. 知行의 本體와 私欲

　　未有知而不行者, 知而不行只是未知.

나. 眞知卽所以爲行, 不行不足謂之知

다. 知是行之始, 行是知之成

라. 知是行之主意, 行是知之功夫

(5) 致良知

*人之所不學而能者 其良能也, 所不慮而知者 其良知也.(孟子, 盡心·上)

가. 致知(致吾心之良知)←天下之大本

나. 良知(是非之心/好惡)

(6) 四句敎(天泉證道, 1528)←本體와 功夫

가. 無善無惡心之體(本體)

나. 有善有惡意之動

다. 知善知惡是良知

라. 爲善去惡是格物(功夫)

◎北宋五子와 朱熹의 詩(詩作)

1. 주렴계

　同石守遊　　　石守와 함께 놀며

朝市誰知世外遊　속세에서 누가 세속을 벗어난 삶을 알랴?

衫松影裏入吟幽　삼나무 소나무 그늘에서 나지막이 읊조린다.

爭名逐利千繩縛　명리를 쫓아 천 가닥 밧줄에 묶여 있다가

度水登山萬事休　물을 건너고 산에 오르니 만사가 편안하다.
野鳥不驚如得伴　들새는 놀라지 않고 마치 짝을 얻은 듯 하고
白雲無語似相留　흰 구름은 말없이 내 곁에 머무르는 듯하다.
傍人莫笑憑欄久　사람들아 웃지 마소 난간에 오래 기대있다고
爲戀林居作退謀　숲에 사는 것이 그리워 물러날 생각이라오.

　春晚　　　　어느 봄날 저녁 무렵에

花落柴門掩夕暉　꽃잎 지는 사립문은 석양 속에 닫혀있고
昏鴉數點傍林飛　황혼에 까마귀들은 숲 언저리를 맴돈다.
吟餘小立欄干外　시를 읊조리다 난간 밖에 나와 서있으니
遙見樵漁一路歸　나무꾼과 어부 돌아오는 것이 아득히 보인다.

2. 장횡거

　芭蕉　　　　파초

芭蕉心盡展新枝　파초는 속 알맹이 다하면 새 가지 펼치는데
新卷新心暗已隨　그 뒤를 따라 몰래 속 알맹이 새로 생긴다.
願學新心養新德　원컨대 속 알맹이 따라 새로운 덕 기르고
旋隨新葉起新知　새 잎새 따라 새로운 앎을 펼칠 수 있기를!

3. 소강절

　懶起吟　　　일어나기 싫어서

半記不記夢覺後　기억이 날 듯 말 듯 꿈에서 깨어난 후

似愁無愁情倦時　슬픔인 듯 아닌 듯 감정이 권태로울 때
擁衾側臥未忺起　이불 끌어안고 비스듬히 누워 일어나기 싫은데
簾外落花撩亂飛　발 처진 문밖에는 落花가 어지러이 흩날리네.

　　挿花吟　　　　머리에 꽃을 꽂고

頭上花枝照酒巵　머리 위에 꽂은 꽃가지 술잔에 비치니
酒巵中有好花枝　술잔 속에 아름다운 꽃가지가 있네.
身經兩世太平日　이 몸이 60년의 태평세월을 거치면서
眼見四朝全盛時　눈으로 직접 네 임금의 전성시절을 보았네.
況復筋骸粗康健　하물며 몸이 회복되어 그런대로 건강하니
那堪時節正芳菲　정말로 향기로운 이 시절 어찌 그대로 보내랴?
酒涵花影紅光溜　술에 꽃 그림자 잠기어 붉은 빛이 흐르니
爭忍花前不醉歸　어찌 꽃 앞에서 취하지 않고 돌아갈 수 있으랴?

　　心安吟　　　　마음의 평화

心安身自安　마음이 평안하니 몸도 저절로 편안하고
身安室自寬　몸이 평안하니 집도 저절로 너그럽네.
心與身俱安　마음과 몸이 함께 평안하니
何事能相干　어떤 일이 서로 어긋날 수 있겠는가?
誰謂一身小　누가 이 몸을 작다고 하는가?
其安若泰山　그 평안함이 태산과 같네.
誰謂一室小　누가 이 집을 작다고 하는가?
寬如天地間　너그러움이 천지의 사이와 같네.

清夜吟　　　맑은 밤에

月到天心處　달은 하늘 가운데 떠있고
風來水面時　호수에 바람이 불어올 때
一般淸意味　이처럼 산뜻한 느낌
料得少人知　아는 사람은 적으리라

宇宙吟　　　宇宙에 관하여

宇宙在乎手　우주는 내 손에 있고
萬物在乎身　만물은 내 몸에 있네.
縣縣而若存　끊이지 않고 존재하니
用之豈有勤　무엇을 억지로 하리요?

談詩吟　　　詩를 노래함

詩者人之志　시는 사람의 뜻을 표현하는 것이니
非詩志莫傳　시가 아니면 뜻을 전할 수 없네.
人和心盡見　人心이 모두 드러나고
天與意相連　天意와 서로 이어지네.
論物生新句　사물을 논하여 새로운 구절이 나오고
評文起雅言　문장을 평하여 우아한 말이 일어나네.
興來如宿構　감흥이 일면 오래 구상한 듯이 나와
未始用雕鐫　일찍이 깍고 다듬어보지 않았네.

4. 정명도와 정이천

| 春日偶成 | 봄날에 문득 떠올라서 |

雲淡風輕近午天　구름 옅고 바람 가벼운 한낮에
望花隨柳過前川　꽃을 보며 버드나무를 따라 앞 시내를 건너네.
傍人不識余心樂　사람들은 내 마음의 즐거움을 알지 못하여
將謂偸閑學少年　아이처럼 한가롭게 세월만 보낸다고 하네.

| 秋日偶成 | 가을에 문득 떠올라서 |

閑來無事不從容　마음이 한가로우니 모든 일이 안정되며
睡覺東窓日已紅　잠에서 깨어나니 동창에 이미 해가 밝았네.
萬物靜觀皆自得　만물을 고요하게 보니 모두가 自得하여
四時佳興與人同　계절 따라 아름다운 감흥이 사람과 어우러지네.
道通天地有形外　도는 천지와 형상 밖에 통하였는데
思入風雲變態中　想念은 風雲의 변화 속으로 들어가네.
富貴不淫貧賤樂　부귀해도 절제가 있고 빈천해도 즐거우니
男兒到此是豪雄　사람이 이에 이르면 이것이 바로 대장부라네.

| 遊嵩山 | 嵩山에 가서 |

鞭羸百里遠來遊　서둘러 병약한 몸을 이끌고 백리 먼 길을 왔는데
巖谷陰雲暝不收　바위와 계곡에 구름이 짙어 어둠이 걷히지 않네.
遮斷好山敎不見　좋은 산을 가리어 볼 수 없게 만들었으니
如何天意異人謀　어찌하여 하늘의 뜻이 사람의 마음과 다른 것인가?

5. 朱熹

觀書有感　　책을 읽다가 느낌이 있어

半畝方塘一鑑開　　반 이랑 모난 연못이 한 개의 거울처럼 열렸는데
天光雲影共徘徊　　하늘 빛 구름 그림자가 함께 오락가락하고 있네.
問渠那得淸如許　　묻노니 어찌 그렇게 맑을 수 있는가 하니
爲有源頭活水來　　근원에서 살아 있는 물이 흘러나오기 때문이라네.

昨夜江邊春水生　　어제밤 강에 봄물이 불어나니
蒙衝巨艦一毛輕　　커다란 전함도 하나의 터럭처럼 가볍네.
向來枉費推移力　　지금까지는 헛되이 배를 움직이는 힘을 썼지만
此日中流自在行　　오늘은 강 가운데로 자유롭게 흘러가네.

齋居感興　　書齋에서의 感興
　(一)
昆侖大無外　　흐릿한 하늘은 커서 밖이 없고
旁薄下深廣　　엉긴 땅은 아래로 깊고 넓은데
陰陽無停機　　음양의 변화는 조금도 그치지 않으며
寒暑互來往　　추위와 더위는 서로 왔다 갔다 하네.
皇犧古聖神　　옛날에 성스럽고 신령스런 伏犧氏가
妙契一俯仰　　굽어보고 우러러보아 妙한 이치를 깨달으니
不待窺馬圖　　河圖를 살펴볼 필요도 없이
人文已宣朗　　인류의 문화가 밝게 펴지도록 하였네.
渾然一理貫　　모든 것이 하나의 이치로 관통되니
昭晰非象罔　　밝고 밝아서 애매한 것이 없는데
珍重無極翁　　소중하신 주렴계 선생께서

爲我重指掌　우리를 위하여 다시 밝게 가르쳐 주셨네.

（十三）

顔生窮四勿　안연은 네가지 하지 말라는 일을 실천하였고
曾子日三省　증자는 날마다 세가지 일에 대하여 반성하였으며
中庸首謹獨　『중용』은 첫머리에서 홀로를 삼가하라고 하였고
衣錦思尙絅　비단옷을 입고는 얇은 겉옷을 걸치려고 하였네.
偉哉鄒孟氏　위대하도다, 맹자여!
雄辯極馳騁　웅변의 극치로 달리셨고
操存一言要　잡으면 있다는 중요한 한마디의 말로
爲爾挈裘領　그대들에게 바른 뜻을 알려주셨네.
丹靑著明法　단청처럼 밝은 법을 드러내주셨고
今古垂煥炳　고금의 밝은 빛을 드리워주셨는데
何事千載餘　어찌하여 천년이 지난 지금에는
無人踐斯境　이런 경지를 실천하려는 사람이 없는가?

*濂洛風雅(淸, 張伯行 編)
*性理大全(明, 胡廣 編)
*全宋詩(北京大學 古文獻硏究所 編), 북경대학출판사(1998)
*송용준(外), 宋詩史, 도서출판 역락(2004)
*김학주, 宋詩選, 명문당(2003)
*장세후, 朱熹詩譯註, 이회(2004)
*이종진(外), 중국시와 시인(宋代篇), 도서출판 역락(2004)
　　　　　　　장세후, 「주희」
*최석기(外), 朱子, 술이(2005)
*이민홍, (增補)士林派文學의 硏究, 월인(2002)
*손오규, (증보판)산수미학탐구, 제주대 출판부(2006)

6. 동양사상에서의 '같음'(同)과 '다름'(異)의 문제

1) 동양사상이란 무엇인가?

이 장에서는 동양사상(東洋思想)이란 무엇이며 동양사상에서는 '같음'과 '다름'의 문제에 관하여 어떻게 이해하고 있는가 하는 것에 관하여, 그 본질과 의미를 중심으로 하여 고찰해 보려고 한다.

우리는 일반적으로 동양사상에 관하여 책 한권 읽어보지도 않고 잘 알지도 못하면서, 동양사상이란 고리타분하고 시대착오적일 뿐만이 아니라 점치는 것(四柱八字 혹은 觀相)이며 수염을 기른 이상한 사람들이 하는 뜬구름 잡는 이야기라는 등의 많은 오해를 가지고 있을 뿐만이 아니라, 이에 대하여 조금이라도 반성하거나 수정하려고 하지도 않는다. 보다 구체적인 예를 들어보면, 우리는 오랫동안 한자(漢字)문화권 혹은 유교(儒敎)문화권 속에서 살아 왔으며 조선왕조 500년은 유교(朱子學) 때문에 멸망했다고 하는데, 우리는 날마다 1000원짜리와 5000원짜리 지폐를 쓰면서 유학(유교) 혹은 주자학에 관하여 그리고 퇴계(退溪)와 율곡(栗谷)에 관하여 구체적으로 얼마나 이해해보려고 하였으며 또한 어느 정도로 이해하고 있는가? 우리는 유학(유교) 혹은 주자학에 관하여 공부해보지도 않고 잘 알지도 못하면서 습관적으로 고리타분하고 엄숙하기만 하다는 정서적인 거부감을 느끼며 또한 이 시대에 맞지 않는 보수적인 사상(이데올로기)으로 규정하고, 이것을 버려야만 혹은 이것으로부터 벗어나야만 한다는 강박관념에 사로잡혀 있는 것은 아닐까? 어떤 사상이 2000년 이상의 시간에 걸쳐 어떤 문화를 형성하는 기초로 작용해왔을 때, 정말로 그렇게 버려야만 할 혹은 벗어나야 할 문제점(부작용)만 있다고 말할 수 있을까? 이러한 태도는 아이를 목욕을 시키다가 물이 더럽다고 해서 더러운 물을 바꾸지 않고 아이까지 버리는 것과 같은 참으로 어리석은 짓이 아닐까?

우리가 공부를 한다는 것은 노자(老子)가 말했던 것처럼 기본적으로 모르는 것을 배워서 하나씩 알아가는 과정이며 지식을 더해가는 과정이라고 할 수 있지만, 한편으로는 자기도 모르는 사이에 이미 가지고 있는 잘못된 지식과 관념을 비우고 버리며 오해를 풀어가는 과정이라고 할 수도 있다.(爲學日益, 爲道日損. 48장) 이러한 근본적인 반성을 해볼 때, 우리는 앞으로 동양의 사상과 지혜를 어떻게 이해해야 할 것인가? 동양의 사상과 지혜는 오늘의 문제를 해결하는데 어떤 의미가 있으며, 또한 어떤 역할을 할 수 있는가? 이 장에서는 유(儒)·도(道)·불(佛)을 중심으로 동양사상의 본질과 특징을 요약해보고, 동양사상에서는 같음(同)과 다름(異), 보편(一)과 특수(多) 그리고 평등(통일성)과 차이(다양성) 및 조화와 구별의 문제에 관하여 어떻게 이해하고 있는지 하는 것에 관하여 시론적으로 서술해보려고 한다.

사람은 진공(眞空) 속에서 사는 것이 아니라 어떤 문화(文化) 속에서 그리고 문화를 숨쉬며 살고, 모든 문화 속에는 어떤 사상(思想)과 가치(價値)가 녹아있으며, 이런 사상과 문화와 가치는 '사람으로서의 사람의 문제'라는 공통점(보편성)과 시간(時代)·공간(地域) 혹은 사회(狀況)에 따른차이점(특수성)을 가지고 있다. 철학 혹은 사상이란 "사람으로서의 내가 이 세계를 어떻게 잘 이해하고 어떻게 잘 살 것인가?"하는 세계관과 삶의 방식 그리고 자아(주체)의 문제를 중심으로 이루어지며, 또한 이런 문제는 존재와 인식 및 가치, 진리(眞理)와 자유(自由) 그리고 행복(幸福)의 문제와도 관련된다고 할 수 있다.

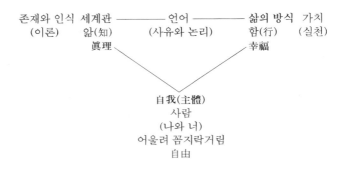

존재와 인식 세계관 ————— 언어 ————— 삶의 방식 가치
　(이론)　　 앎(知)　　 (사유와 논리)　　 함(行)　 (실천)
　　　　　 眞理　　　　　　　　　　　　 幸福

　　　　　　　　　　 自我(主體)
　　　　　　　　　　　 사람
　　　　　　　　　　　(나와 너)
　　　　　　　　　 어울려 꼼지락거림
　　　　　　　　　　　 自由

　　유가(儒家)와 도가(道家) 그리고 불교(佛敎)는 중국·한국·일본을 중심으로 하는 동아시아(East Asia)의 사상과 문화를 이해하는데 중요한 의미를 지니고 있다. 그리고 이러한 동양의 사상은 기본적으로 마음공부와 생태학적 세계관의 통합(어떻게 하면 스스로를 변화시키는 마음공부(修養·修行·修道)를 통하여 자기중심적 그리고 인간중심적 사고와 태도로부터 벗어나서 다른 사람들과 잘 어울려 살며, 또한 식물과 동물을 포함한 우주만물(宇宙萬物)의 연관성에 눈을 뜨고 우주만물과 잘 어울려 살 수 있는가?)으로 이루어져 있으며, 유(儒)·도(道)·불(佛)의 문제는한마디로 요약해서 말하면 "어떻게 하면 사람답게, 자연스럽고 자유롭게, 지혜롭게 살 수 있는가?" 하는 것이라고 할 수 있지 않을까?

　　『중용(中庸)』 1장의 "중화(中和)를 이루면 천지(天地)가 잘 자리를 잡되고, 만물(萬物)이 잘 길러지게 된다"(致中和, 天地位焉, 萬物育焉), 장자(莊子)의 "천지(天地)는 나와 더불어 함께 살고 만물(萬物)은 나와 더불어 하나가 된다"(天地與我竝生, 萬物與我爲一), 불교(佛敎)의 "이것이 있으니까 저것이 있고, 저것이 있으니까 이것이 있다. 이것이 없으면 저것이 없고, 저것이 없으면 이것이 없다"(緣起說)는 것 등은 이러한 동양사상의 본질과 특징을 잘 나타내준다.

2) 같음(同)과 다름(異)을 어떻게 이해할 것인가?

같음(同)과 다름(異)의 문제는 철학적으로는 보편(一)과 특수(多) 및 전체와 부분의 문제와 관련되며, 이런 문제는 또한 현실적으로 는 평등(통일성)과 차이(다양성) 및 조화와 구별의 문제와도 관련된 다. 이런 문제에 관하여 어떤 입장을 갖느냐에 따라서 인간과 다른 존재자들과의 관계, 인간과 문화의 공통점(보편성)과 차이점(다양 성), 개인과 사회(집단)의 관계를 어떻게 이해하느냐가 달라진다고 할 수 있다.

그리고 이런 문제는 구체적으로는 존재론적인 의미에서의 같음 (동일성)과 다름(차이성), 어떤 사물(문제)을 인식하는 관점 혹은 차 원이 같은가 다른가 하는 문제와 관련될 뿐만이 아니라, 존재(存在) 를 인식(認識)하고 실천(實踐)하는 주체(主體)로서의 나는 누구이 며, 주체를 변화시킬 수 있는 구체적인 수양(修養)의 방법은 무엇인 가 하는 문제와도 깊게 관련된다. 존재와 인식의 문제는 모든 철학 의 공통적인 문제라고 할 수 있지만, 주체(主體)를 변화시키는 수양 (修養)의 방법론을 제시하고 실천하는 것은 동양사상의 본질적인 특징이라고 할 수 있다. 주체의 수양(Self-cultivation)의 문제는 현실 적(사회적)으로 몸(身)과 마음(心)으로 이루어진 내가 어떤 물질적 (경제적) 조건 속에서 살면서 어떻게 의식과 제도를 변화시켜 나갈 수 있느냐 하는 문제와 관련된다고 할 수 있다.

이 장에서는 같음과 다름의 문제에 관하여 공자(孔子)의 보편적 원리(一貫之道)에 대한 인식과 점진주의적 방법(실천), 장자(莊子) 의 우주만물의 존재론적 연관성(평등성)과 다양성에 대한 근원적 인식, 불교(佛敎)의 존재론적 연기(緣起)와 인식론적 중도(中道)를 중심으로 고찰해보고, 이와 함께 이런 문제에 관한 한국의 원효(元 曉)와 퇴계(退溪)의 견해도 조금 살펴보려고 한다.

(1) 공자(孔子) : 보편적 원리(一貫之道)에 대한 인식과 점진주의적 방법(실천)

유학(유교)의 원형(原型)을 제시한 공자의 사상의 핵심은 사람다움(仁者 人也) 혹은 사랑(愛人)으로서의 인(仁)인데, 공자는 모든 사람은 근본적으로 소중하고 평등한 존재이지만, 다른 사람을 사랑하는 구체적인 방식(방법)은 사람에 따라서 그리고 상황에 따라서 달라질 수 있다고 하였다. 어떻게 우리는 모두가 소중하고 평등한 존재라는 것을 잘 인식하고, 상황과 사람에 따라서 그에 맞게 서로 사랑할 수 있는가? 더울 때는 시원하게 해주고 추울 때는 따뜻하게 해주는 것이 사랑이며, 배고픈 사람에게는 밥을 주고 아픈 사람에게는 약을 주는 것이 사랑이라고 할 수 있는 것처럼, 다른 사람을 사랑한다고 하더라도 그 구체적인 내용과 방식은 달라질 수 있는 것이다.

공자가 말하기를 "증삼아! 나의 道는 하나로서 모든 것을 꿰뚫었느니라" 라고 하였는데, 이에 대하여 증자는 말하기를 "선생님의 도는 忠恕일 뿐이다" 라고 하였다(子曰 參乎! 吾道一以貫之 … 曾子曰 夫子之道 忠恕而已矣, 論語·里仁). 인(仁)은 모든 사람을 하나로 통하게 해주는 보편적인 원리(一貫之道)이며, 충서(忠恕)란 사랑을 실천하는 구체적인 방법이라고 할 수 있다. 충(忠)이란 '中+心'으로 이루어져 있고 자신의 마음 그 자체의 상태를 말하는 것이며, 서(恕)란 '如+心'으로 이루어져 있으며 다른 사람과의 관계 속에서 내 마음에 비추어 미루어 다른 사람의 마음을 헤아리는 것이다. 그리고 이것은 속마음(忠), 그 마음처럼(恕) 혹은 眞心으로(忠) 그렇게(恕) 라고 풀어볼 수 있다.

충서(忠恕)란 소극적으로는 "내가 하고 싶지 않은 것은 다른 사람에게도 시키지 않는다"(己所不欲勿施於人, 衛靈公)는 것이며, 적극적으로는 "내가 서고 싶으면 다른 사람도 세워주고 내가 이루고 싶으면 다른 사람도 이루게 해준다"(己欲立而立人), 己欲達而達人,

雍也)는 것이고, 이를 실천하는 구체적인 방법은 가까운 것(쉬운
것)으로부터 먼 것(어려운 것)으로 조금씩 넓혀가는 것(下學而上達)
으로서, 점진주의적 방법 혹은 단계적 실천이라고 할 수 있다. 충서
(忠恕) 혹은 혈구지도(絜矩之道)에 관하여 『대학(大學)』과 『중용(中
庸)』에서는 다음과 같이 말하고 있다. "이러므로 군자에게는 혈구
지도가 있다. 윗사람에게서 싫었던 것으로써 아랫사람을 부리지 말
며, 아랫사람에게서 싫었던 것으로써 윗사람을 섬기지 말며, 앞사
람에게서 싫었던 것으로써 뒷사람을 이끌지 말며, 뒷사람에게서 싫
었던 것으로써 앞사람을 따르지 말며, 오른쪽 사람에게서 싫었던
것으로써 왼쪽 사람을 사귀지 말며, 왼쪽 사람에게서 싫었던 것으
로써 오른쪽 사람을 사귀지 말라. 이것을 혈구지도라고 일컫는다
."3) "충서는 도와 멀지 않으니, 자기에게 베풀어서 바라지 않는 것
은 또한 다른 사람에게도 시키지 말라. 군자의 도는 네 가지인데,
나는 한 가지도 잘하지 못한다. 자녀에게 바라는 것으로써 부모를
섬기는 것을 잘 하지 못하고, 신하에게 바라는 것으로써 임금을 섬
기는 것을 잘 하지 못하고, 동생에게 바라는 것으로써 형을 섬기는
것을 잘 하지 못하고, 벗에게 바라는 것을 내가 먼저 베푸는 것을
잘 하지 못한다."4) 이런 충서(忠恕) 혹은 혈구지도(絜矩之道)를 오
늘의 다문화주의에 관한 논의와 연관지어 보면, "외국인에게서 싫
었던 것으로써 외국인을 대하지 말고, 외국인에게 바라는 것으로써
외국인을 대하라"라고 바꾸어 생각해 볼 수 있을 것이다.

---

3) 『大學』 傳10장. 是以君子有絜矩之道也. 所惡於上毋以使下, 所惡於下毋以
   事上, 所惡於前毋以先後, 所惡於後毋以從前, 所惡於右 毋以交於左, 所惡
   於左毋以交於右. 此之謂絜矩之道也.
4) 『中庸』 13장. 忠恕違道不遠, 施諸己而不願, 亦勿施於人. 君子之道四, 丘未
   能一焉. 所求乎子以事父未能也. 所求乎臣以事君未能也, 所求乎弟以事兄
   未能也, 所求乎朋友先施之未能也.

사랑이란 수평적으로는 자신의 가족(부모와 형제)을 사랑하는 것(孝悌)으로부터 시작하여 인류를 사랑하는 것으로까지 조금씩 넓혀가는 것이며, 또한 사람을 사랑하는 것(愛人)으로부터 시작하여 다른 생명체들을 사랑하는 것(愛物)으로 까지 넓혀가는 것이며, 수직적으로는 나의 존재의 직접적 근원으로서의 부모를 잘 모시는 것(事親)으로 시작하여 우주만물의 부모로서의 하늘을 잘 섬기는 것(事天)으로 까지 깊어지는 것이다. 공자가 제시한 인(仁)의 사상을 이론적으로 체계화하면서 성선설(性善說)을 주장한 맹자(孟子)는 이에 대하여 "내 노인을 모시는 마음을 다른 사람의 노인에게까지 미치며, 내 어린이를 사랑하는 마음을 다른 사람의 어린이에게 까지 미치니 … 은혜를 미루면 인류를 구제할 수 있지만, 그렇지 못하면 가족도 사랑할 수 없으니 … 그 행위를 잘 미루었을 뿐이다(孟子曰 老吾老以及人之老, 幼吾幼以及人之幼 … 推恩足以保四海, 不推恩無以保妻子 … 善推其所爲而已矣. 梁惠王·上). 다른 사람을 사랑한다는 것은 얼마나 자기중심적 욕망(감정)과 사고로부터 벗어날 수 있느냐(克己) 하는 것과 얼마나 조금씩 넓게 미루어 나갈 수 있느냐(推己/推恩) 하는 것에 달려있다고 할 수 있다.

묵자(墨子)는 공자의 인(仁)을 차별적 사랑(別愛)이라고 비판하면서 보편적 사랑(兼愛)을 주장하였는데, 반대로 맹자는 묵자를 자신의 부모조차 부정하게 된다(墨氏兼愛是無父也)고 비판하였다. 그런데 위에서 살펴본 것처럼 공자가 제시한 인(仁)은 인간을 차별한다는 의미에서의 차별적인 사랑이 아니라 사랑을 실천하는 과정에서의 점진주의적 방법 혹은 단계적 실천이며, 묵자가 주장한 보편적 사랑(兼愛)이란 무조건적(절대적) 의미에서의 보편적 사랑이 아니라 "반드시 내가 다른 사람의 부모(親)를 사랑(愛)하고 이롭게(利)한 뒤에 다른 사람도 나의 부모를 사랑하고 이롭게 하는 것으로서 나에게 갚을(報) 것이다"(兼愛·下) "하늘의 뜻(天意)을 따라서 서로 사랑하고 이롭게 하는(兼相愛交相利) 사람은 상(賞)을 받게 되고 하늘의 뜻과 반대로 서로 미워하고 해치는(別相惡交相賊) 사람은 벌(罰)을 받게 된다"(天志·上)는 의미에서의 보상을 바라는 공리주의적 성격을 가지고 있는 것이다.

유학(유교)에서는 보편적인 원리(一貫之道)에 대한 인식과 사랑(仁)의 점진주의적(단계적) 실천에 관하여 말하고 있을 뿐만이 아니라, 인간의 유형을 군자(君子)와 소인(小人)의 2가지로 분류하여 비교하고 있다. 군자(君子) 혹은 대인(大人)이란 "내 탓이오"(求諸己)하면서 다른 사람들과 잘 어울려 살면서도 주체적으로 살며(和而不同) 사람들을 넓게 사귀며 끼리끼리 놀지 않는(周而不比) 사람이며, 소인(小人)이란 "네 탓이오"(求諸人) 하면서 주체성을 잃어버리고 다른 사람들과 같아지기는 잘 하지만 참으로 어울리지는 못하며(同而不和) 끼리끼리만 놀고 넓게 사귀지 못하는(比而不周) 그런 사람이라고 할 수 있다. 맹자는 이에 대하여 "인자(仁者)는 활쏘기를 하는 것과 같으니, 활을 쏘는 사람은 자기를 바르게 한 뒤에 쏘며, 쏘아서 맞지 않더라도 이긴 사람을 원망하지 않고, 돌이켜서 스스로에게서 찾을 뿐이다(孟子曰 仁者如射, 射者 正己而後發 發而不中 不怨勝己者, 反求諸己而已矣. 公孫丑·上)라고 하였다. "어떻게 스스로를 돌아볼 줄 알고, 다른 사람들의 다양성(다름)을 이해(인정)하고 잘 어울리면서도, 주체적으로 살 수 있는가?" 하는 것은 오늘의 다문화주의의 문제와 관련하여 중요한 의미를 가질 수 있다.

(2) 장자(莊子) : 우주만물의 존재론적 연관성(평등성)과 다양성에 대한 근원적 인식

노자와 장자의 사상은 우주만물의 근원과 질서로서의 도(道)를 중심으로 이루어지고 있기 때문에 도가(道家)라고 하는데, 노자가 "어떻게 하면 자연스럽게 살 수 있는가?"하는 문제를 중심으로 이야기하고 있다면 장자는 "어떻게 하면 자유롭게 살 수 있는가?"하는 문제를 중심으로 이야기하고 있다. 사람은 근본적으로 어떤 한계를 지니고 있으며, 무엇에 얽매여 사는가? (衆人/有待의 상태) 그리고 어떻게 하면 이런 얽매임의 상태로부터 벗어날 수 있는가? (修道의 방법) 또한 수도(修道)를 통하여 이른 상태란 어떤 것인가? (眞人과 眞知 / 無待의 逍遙遊)

장자는 이런 문제들에 관하여 구체적으로 이야기하고 있다.

장자는 사람이란 공간(空間)과 시간(時間)의 한계 속에서 살 수밖에 없는 존재이며, 또한 이러한 사람의 앎(지식)은 상대적이라고 하면서 다음과 같이 말하였다.

> 우물 속의 개구리와 함께 바다에 관하여 말할 수 없는 것은 그가 살고 있는 공간에 얽매어 있기 때문이며, 매미와 함께 얼음에 관하여 말할 수 없는 것은 그가 살고 있는 시간에 얽매어 있기 때문이며, 일곡지사(一曲之士)와 도(道)에 관하여 말할 수 없는 것은 그가 배운 지식에 얽매어 있기 때문이다. (秋水)

> 사람은 축축한 곳에서 잠을 자면 피부병도 걸리고 허리도 아프지만 미꾸라지도 그러한가? 사람은 높은 나무 위에 올라가면 두려워서 어쩔 줄을 모르지만 원숭이도 그러한가? 어떤 미녀(美女)라고 하더라도 물고기는 숨어버리며 새는 날아가 버리니, 사람과 물고기와 새 가운데 누가 천하(天下)의 정색(正色)을 안다고 할 수 있는가? (齊物論)

사람은 어떤 공간과 시간 속에서 어떻게 사느냐에 따라서 그의 앎(지식)이 달라지며, 또한 사람과 다른 존재자들은 삶의 조건이 다르고 기준이 다를 수 있는 것이다. 어떻게 하면 우리는 우물 속의 개구리(井底之蛙)와 같은 자기중심적 사고의 감옥으로부터 벗어날 수 있으며, 또한 F. Bacon이 말한 인간중심적인 종족의 우상(idola)으로부터 벗어날 수 있는가?

장자는 원숭이를 기르는 사람의 예를 들어서 조삼모사(朝三暮四)에 관한 이야기를 하고 있다.

> 옛날에 원숭이를 기르는 사람이 도토리를 주면서 말하기를 "아침에 3개, 저녁에 4개 씩 줄께"라고 하였더니 여러 원숭이들이 모두 성내거늘, "그렇다면 아침에 4개, 저녁에 3개 씩 줄께"라고 하였더니 여러 원숭이들이 모두 기뻐하였다. 명(名)과 실(實)은 달라지지 않았는 데, 기쁨과 성냄의 감정 때문에 또한 이렇게 된 것이다. (狙公賦芧曰 : 朝三而暮四, 衆狙皆怒. 曰 : 然則朝四而暮三, 衆狙皆悅. 名實未虧而喜怒爲用, 亦因是也. 齊物論)

사람들은 살아가면서 내용이 근본적으로 다르거나 달라진 것은 없는데, 겉만 보고 다르게 판단하면서 나는 옳고 너는 그르다고 하며 또한 기뻐하기도(喜) 하고 성내기도(怒)하는 경우가 많다. 이것은 전체를 있는 그대로 보지 않고, 자기중심적인 입장에서 판단하기 때문이다.

장자는 이런 같고 다름(同異), 옳고 그름(是非), 그리고 귀천(貴賤)의 문제에 다음과 같이 말하였다.

> 다르다는 관점에서 보면 간과 쓸개도 초나라와 월나라처럼 멀고, 같다는 관점에서 보면만물이 모두 하나이다.(自其異者視之, 肝膽楚越也. 自其同者視之, 萬物皆一也. 德充符)
> 자기와 의견이 같으면 찬성하고, 자기와 의견이 다르면 반대한다. 자기와 의견이 같으면 옳다고 하고, 자기와 의견이 다르면 그르다고 한다.(與己

同則應, 不與己同則反, 同於己爲是之, 異於己爲非之. 寓言)

도로서 보면 사물은 귀천이 없고, 사물로서 보면 스스로는 귀하고 상대는
천하다.(以道觀之, 物無貴賤, 以物觀之, 自貴而相賤. 秋水)

나와 너의 관계 속에서 '이물관지'(以物觀之)하게 되면 같음(同)
과 다름(異) 어느 한쪽에 치우쳐서 같다고만 보거나 다르다고만 보
고 이를 절대화하게 되며, 나는 옳고(是) 너는 그르며(非), 나는 귀
(貴)하고 너는 천(賤)하다고 하게 된다. 같음(同)과 다름(異)의 문제
가 옳고 그름(是非) 및 귀천(貴賤)의 문제와 연결되면서 사태가 더
욱 복잡해지게 되는 것이다.

장자는 심재(心齋)와 좌망(坐忘)의 공부를 통하여, 이런 '이물관
지'(以物觀之)로부터 벗어나서 '이도관지'(以道觀之)할 수 있다고 하
였다. 장자는 심재에 관하여 "귀(耳)로서 듣지 말고 마음(心)으로서
들으며, 마음으로서 듣지 말고 기(氣)로서 들어라. … 기라는 것은
허(虛)하여 어떤 사물이라도 받아들일 수 있는 것이다. … 허(虛)하
게 하는 것이 곧 마음의 재계(心齋)이다."(人間世) 여기서 '귀(耳)→
마음(心)→기(氣)'란 자기중심적 및 인간중심적 사고와 태도로부터
점차적으로 벗어나는 과정으로서, 노자(老子)가 말한 마음(心)의 허
(虛)와 정(靜)을 이루는 공부, 그리고 덜어내고 비우는 위도(爲道)의
공부와 비슷한 것이다. 또한 장자는 좌망(坐忘)에 관하여 "몸을 잊
고 지식을 버리며 크게 통하는 도(道)와 하나가 되는 것을 좌망(坐
忘)이라고 한다"(墮肢體, 黜聰明, 離形去知, 同於大通, 此爲坐忘. 大
宗師)라고 하였다. 다시 말해서 좌망이란 앉아서 잊어버리는 것인
데, 외적인 사물이나 규범(가치)을 잊어버리는 것(忘外/忘物)으로부
터 시작하여 스스로의 존재 그 자체도 잊어버리는 것(忘內/忘己)이
며, 또한 망내(忘內)/망기(忘己)는 망형(忘形)과 망심(忘心)으로 이

루어지는데, 궁극적으로는 물아양망(物我兩忘)의 상태에 이르는 것이다.

심재(心齋)와 좌망(坐忘)의 공부를 통하여 우주만물의 근원과 질서로서의 도(道)를 깨닫고 '이도관지'(以道觀之)하게 되면, 같음(同)을 같음(同)으로 보고 다름(異)을 다름(異)으로 보며 또한 같음을 보면서도 다름을 볼 수 있고 다름을 보면서도 같음을 볼 수 있으며, 나와 같기 때문에 옳으며 나와 다르기 때문에 그르다고 하지 않게 되고 또한 나는 귀(貴)하고 너는 천(賤)하다고 하지 않게 될 수 있다. 장자는 '이도관지'(以道觀之)를 다음과 같이 도추(道樞)라고도 하였다.

> 사물은 저것(彼) 아닌 것이 없고, 사물은 이것(此) 아닌 것이 없다. 저쪽에서 보면 이쪽이 보이지 않고, 이쪽에서 보면 저쪽이 보이지 않는다. 저것은 이것으로부터 나오며, 이것도 저것으로 말미암게 된다. 저것과 이것은 함께 생기는 말이다. … 옳음(是)을 따라 그름(非)이 나오며, 그름(非)을 따라 옳음(是)이 나온다. … 저것과 이것이 그 짝을 얻을 수 없는 것을 도추(道樞)라고 하니, 도추(道樞)란 원의 중심을 붙잡은 것처럼 무궁한 변화에 잘반응할 수 있다.(齊物論)

장자는 이와 함께 "오리의 다리는 비록 짧지만 그것을 이어주면 걱정거리가 되고, 학의 다리는 비록 길지만 그것을 잘라주면 슬퍼하게 된다"(騈拇)라고 하면서, "인위로서 자연을 해치지 말라"(無以人滅天, 秋水)고 하였으며, 다음과 같이 말하였다.

> 물고기는 물 속에 있어야 살지만, 사람은 물 속에 있으면 죽는다. 삶의 조건이 다르면 좋아하고 싫어하는 것(好惡)이 다르다. 그러므로 옛 성인은 그 능력과 일을 획일화하지 않았다.(不一其能, 不同其事. 至樂篇)

천지는 나와 더불어 함께 살고, 만물은 나와 더불어 하나가 된다.(天地與
我並生, 萬物與我爲一. 齊物論)

장자는 인간을 포함한 우주만물의 근원적 동일성(같음)과 연관
성(평등성)을 강조하면서도, 어떻게 하면 사람들끼리 혹은 우주만
물과도 함께 서로의 다양성(다름)을 다양성으로서 이해하고 인정하
면서 잘 어울려 살 수 있는가 하는 문제에 관하여 깊게 그리고 구
체적으로 이야기하였다. 다문화주의는 기본적으로 인간의 문제이
지만, 인간도 우주만물 가운데의 하나의 존재자이며 다른 존재자들
과의 관계 속에서 살아가는 것인데, 이런 우주적 연관성에 대한 근
본적인 반성을 통하여 인간의 문제를 해결 할 수 있는 발상(發想)
의 전환이 이루어질 수 있고 또한 새로운 대안을 제시할 수도 있을
것이다.

(3) 불교(佛敎) : 존재론적 연기(緣起)와 인식론적 중도(中道)

불교의 근본적인 문제는 "왜 인생(人生)이 괴로운가?(苦의 원인/
無明) 그리고 어떻게 하면 모든 괴로움으로부터 벗어날 수 있는가?
(苦로부터의 해방/解脫)"하는 것이라고 할 수 있다. 불교는 역사적
으로 인도에서 원시(原始) 혹은 근본(根本)불교, 부파(部派)불교
(Abhidharma불교), 대승(大乘)불교(中觀과 唯識), 밀교(密敎)의 과정
으로 전개되었으며, 또한 중국에 들어가서 위진남북조와 수당시대
를 통하여 격의(格義)와 교상판석(敎相判釋)의 과정을 거치면서 천
태종(天台宗)·화엄종(華嚴宗)과 선종(禪宗) 등의 종파(宗派)가 형성
되었다.

이런 불교적 세계관의 핵심은 연기설(緣起說), 공(空)과 중도(中
道), 자비(慈悲)라고 할 수 있다. 다시 말해서 우주만물은 이것과 저
것이 관계 속에서 존재하고 끊임없이 변화하기 때문에(諸行無常)

실체(實體)가 없다(諸法無我/空)는 것을 깨달을 때, 있음(有)과 없음(無) 어느 한 쪽에 집착하지 않게 되고(中道), 너와 내가 둘이 아니며 내가 소중한 만큼 너도 소중하다는 사랑(慈悲)이 우러나오게 된다는 것이다. 연기(緣起)이기 때문에 공(空)이라는 것을 깨닫는 것이 상구보리(上求菩提/눈을 뜨고)라면, 자비(慈悲)를 실천하는 것이 하화중생(下化衆生/함께 가자)이라고 할 수 있다.

　대승불교의 대표자라고 할 수 있는 용수(龍樹, Nagarjuna)는 "생하는 것도 아니고 멸하는 것도 아니며, 항상하는 것도 아니고 단절되는 것도 아니며, 같은 것도 아니고 다른 것도 아니며, 오는 것도 아니고 가는 것도 아니다"(不生亦不滅, 不常亦不斷, 不一亦不異, 不來亦不出", 中論·觀因緣品)라고 하여 연기(緣起)=공(空)의 의미를 팔불중도(八不中道)를 통하여 구체적으로 설명하였다. 여기서 같음과 다름의 문제와 관련하여 "같은 것도 아니고 다른 것도 아니다"(不一亦不異)의 의미를 잘 생각해 볼 필요가 있다. 우주만물은 이것과 저것이 관계 속에서 존재하며 끊임없이 변화하기 때문에, 같다고 보면 같고 다르다고 보면 다르지만, 같다고만 할 수도 없고 다르다고만 할 수도 없기 때문에, 같음에만 집착하거나 다름에만 집착하지 말라는 것이며, 이럴 때 오히려 같음을 보면서도 다름을 볼 수 있고, 다름을 보면서도 같음을 볼 수 있는 열려있는 태도를 가질 수 있다는 것이다.

　이런 문제에 관하여 중국의 화엄종(華嚴宗)의 대표자 가운데 한 사람인 법장(法藏)은 '금으로 만든 사자의 비유'를 들어서 다음과 같이 설명하였다.

　금사자(金獅子)는 총상(總相)이고 눈·귀 등의 부분은 별상(別相)이며, 눈·귀 등이 같은 금사자를 이루는 것은 동상(同相)이고 눈·귀 등이 서로 같지 않은 것은 이상(異相)이며, 눈·귀 등이 함께 모여 금사자를 이루는 것

은 성상(成相)이고 눈·귀 등이 자기를 부정하면서 금사자를 이루는 것은
괴상(壞相)이다. (華嚴金獅子章)

여기서 총상(總相)이란 전체이며 별상(別相)이란 부분이고, 동상
(同相)이란 공통점이며 이상(異相)이란 차이점이다. 눈과 귀라는 다
른 부분들은 모여서 금사자(金獅子)라는 같은 전체를 이루는 것인
데, 눈과 귀가 다름으로만 끝나는 것이 아니라 서로 어울려서 금사
자(金獅子)라는 하나의 같음을 이루는 것이며, 이런 논리는 개인과
개인, 혹은 개인과 공동체의 관계를 설명하는 데에도 그대로 적용
될 수 있을 것이다.

(4) 원효(元曉)와 퇴계(退溪) : 회통적(會通的)/변증적(辨證的) 논리와 방법

원효(元曉)는 긍정(立)과 부정(破), 분석(開)과 종합(合) 어느 한
쪽에 치우치지 않고 다양성을 인정하면서도 새로운 차원에서 통일
하는 화쟁(和諍)의 논리를 제시하였고, 퇴계(退溪)도 분석(分開)과
종합(渾淪) 어느 한 쪽에 치우치지 않으면서 같음(同) 가운데서도
다름(異)을 보고 다름(異) 가운데서도 같음(同)을 보는 변증적(周悉
無偏)인 방법을 제시하였다.

한국불교의 대표자라고 할 수 있는 원효(617-686)의 사상의 핵심
은 일심(一心)과 화쟁(和諍)과 무애(無碍)인데, 일심이 근거이고 화
쟁이 방법이라면 무애는 실천이라고 할 수 있다. 원효는『대승기신
론(大乘起信論)』에 관한 연구를 통하여 일심이문(一心二門)의 사상
을 제시하고, 이를 근거로 왕실이나 귀족을 중심으로 이루어지던
불교를 대중화하는 역할을 하였다. 원효는 "뭇 경전의 부분을 통합
하여 온갖 흐름을 한 맛으로 돌아가게 하고, 부처님의 뜻의 지극한
공정함을 전개하여 여러 학파의 서로 다른 논쟁들을 조화시킨다"

(統衆典之部分, 歸萬流之一味, 開佛意之至公, 和百家之異諍. 涅槃經宗要)라고 하면서, 긍정(立)과 부정(破) 그리고 분석(開)과 종합(合)에 관하여 "이 논(論)은 이치가 없는 지극한 이치이며 그렇지 않은 지극한 그러함이다. … 세우지 않는 것이 없고 깨뜨리지 않는 것이 없으며 … 세우지 않는 것이 없으면서 스스로 버리고 깨뜨리지 않는 것이 없으면서 다시 받아들인다"(無理之至理, 不然之大然…無所不立 無所不破…無不立而自遣, 無不破而還許. 大乘起信論·別記)라고 하였고, 또한 "분석과 종합이 자재하며 긍정과 부정이 걸림이 없으며, 분석하여도 번잡하지 않고 종합하여도 협소하지 않으며 세워도 얻음이 없고 깨뜨려도 잃음이 없다"(開合自在, 立破無碍, 開而不繁, 合而不狹, 立而無碍, 破而不失. 大乘起信論·疏)라고 하였다.

원효는 그의 『대승기신론소·별기(大乘起信論疏·別記)』에서 『기신론(起信論)』의 성격을 중관(中觀)과 유식(唯識)의 지양이라고 평가하면서, 『기신론』은 마음의 청정(淸淨)한 상태(본체)만을 강조해 온 중관(破)과 마음의 염오(染汚)한 상태(현상)만을 밝혀온 유식(立)이 잘 조화를 이루어 '진속불이(眞俗不二)'라는 부처님의 뜻을 잘 드러낸 것이라고 보았다. 다시 말하여 이 책은 인간들이 염오(染汚)한 현실(俗) 속에서 깨달음을 끊임없이 추구하고 수행함에 의하여 완성된 인격(眞)을 이루어갈 수 있으며(上求菩提/自利), 한편으로는 깨달음의 단계(眞)에 이른 사람은 아직 염오(染汚)한 상태(俗)에 있는 중생(衆生)을 이끌어야 할 책임이 있는 것임(下化衆生/利他)을 주장함으로서, '진속일여(眞俗一如)'라는 부처님의 가르침을 잘 나타낸 논서라고 할 수 있다.

한국유학(性理學)의 대표자라고 할 수 있는 퇴계(1501-1570)는 우리가 날마다 1000원 지폐에서 만나는 인물이며, 인간의 본성에 관한 철학적 논쟁(四端七情論)과 도산서원(陶山書院)으로 유명하다. 퇴계는 같음(同)과 다름(異)뿐만이 아니라 같음 속의 다름(同中之

異)과 다름 속의 같음(異中之同)에 대한 입체적(立體的)이고 심층적 (深層的)인 이해가 이루어져야 한다고 하면서, 같음(同)과 다름(異) 그리고 분석(分開)과 종합(渾淪)에 관하여 다음과 같이 말하였다.

무릇 의리지학(義理之學)은 정미(精微)함의 극치로서 반드시 마음을 넓게 가지고 안목 (眼目)을 높게 하여 절대로 먼저 일설(一說)로써 주장하지 말고, 마음을 비우고 기운을 고르게 하여(虛心平氣) 느긋하게 그 의취(義趣)를 살펴야 한다. 같음(同) 속에 그 다름(異)이 있음을 알고 다름(異)속에 그 같음(同)이 있음을 보며, 나누어 둘이 되어도 그 아직 떨어지지 않음을 해치지 않고 합하여 하나가 되어도 실제로 서로 섞이지 않음에 돌아가, 이에 두루 갖추어 치우침이 없게(周悉無偏) 된다.[5]

내가 독서하는 방법은 무릇 성현이 의리(義理)를 말씀한 곳에 대하여 (중략) 분개(分開)하여 말한 곳은 분개(分開)하여 보되 혼륜(渾淪)에 해가 되지 않으며, 혼륜(渾淪)하여 말한 곳은 혼륜(渾淪)하여 보되 분개(分開)에 해가 되지 않게 하여, 사사로운 생각으로 좌로끌고 우로 당기어 분개(分開)를 합하여 혼륜(渾淪)으로 만들거나, 혼륜(渾淪)을 쪼개어 분개(分開)로 만들지 않는다. 이와 같이 오래 하면 자연스럽게 점차로 그 가지런하여 어지럽지 않음을 보게 되고, 점차로 성현의 말씀의 횡설수설(橫說竪說)이 각각 마땅함이 있어 서로 방애되지 않음을 알게 된다.[6]

---

5) 『增補退溪全書』(1)(성대 대동문화연구원, 1997), 答奇明彦論四端七情第一書, 406쪽. 大抵義理之學精微之致 必須大著心胸高著眼目, 切勿先以一說爲主, 虛心平氣徐觀其義趣. 就同中而知其有異, 異중而見其有同, 分而爲二而不害其未嘗離, 合而爲一而實歸於不相雜, 乃周悉而無偏也.

6) 『增補退溪全書』, 答奇明彦論四端七情第二書·後論, 422쪽. 滉讀書之拙法, 凡聖賢言義理處 (중략) 分開說處作分開看而不害有渾淪, 渾淪說處作渾淪看而不害有分開, 不以私意左牽右制, 合分開而作渾淪, 離渾淪而作分開. 如此久久自然漸見其有井井不容紊處, 漸見得聖賢之言橫說竪說各有攸當

다시 말하여 퇴계에 의하면 우리가 어떤 사물 혹은 문제를 이해할 때, 심기(心氣)를 비우고 고르게(虛心平氣)하여 같음(同) 가운데서도 다름(異)을 볼 수 있고 다름(異) 가운데서도 같음(同)을 볼 수 있어야 하며, 분석(分開)하고 종합(渾淪)하면서도 이를 통간(通看)할 수 있어야 '주실무편(周悉無偏)'할 수 있으며, 이런 변증적인 방법에 의하여 '진지묘해(眞知妙解)'도 가능하게 된다고 하였다.

(5) 맺는 말

이제까지 동양사상에서의 같음과 다름의 문제에 관하여 공자(孔子)의 보편적 원리(一貫之道)에 대한 인식과 점진주의적 방법(실천), 장자(莊子)의 우주만물의 존재론적 연관성(평등성)과 다양성에 대한 근원적 인식, 불교(佛敎)의 존재론적 연기(緣起)와 인식론적 중도(中道) 및 한국의 원효(元曉)와 퇴계(退溪)의 회통적(會通的)/변증적(辨證的) 논리(방법)를 중심으로 고찰해보았다.

사람다움 혹은 사랑(愛人)으로서의 인(仁)을 제시한 공자는 모든 사람은 근본적으로 소중하고 평등한 존재이지만, 다른 사람을 사랑하는 구체적인 방식(방법)은 사람에 따라서 그리고 상황에 따라서 달라질 수 있다고 하였다. 장자는 인간을 포함한 우주만물의 근원적 동일성(같음)과 연관성(평등성)을 강조하면서도, 어떻게 하면 사람들끼리 혹은 우주만물과도 함께 서로의 다양성(다름)을 다양성으로서 이해하고 인정하면서 잘 어울려 살 수 있는가 하는 문제에 관하여 '이도관지'(以道觀之)와 물아일체(物我一體)를 중심으로 이야기하였다. 불교적 세계관의 핵심은 연기설(緣起說), 공(空)과 중도(中道), 자비(慈悲)라고 할 수 있는데, 우주만물은 이것과 저것이 관계 속에서 존재하고 끊임없이 변화하기 때문에(諸行無常) 실체(實

不相妨礙處.

體)가 없다(諸法無我/空)는 것을 깨달을 때, 있음(有)과 없음(無) 어
느 한 쪽에 집착하지 않게 되고(中道), 너와 내가 둘이 아니며 내가
소중한 만큼 너도 소중하다는 사랑(慈悲)이 우러나오게 된다고 하
였다. 원효(元曉)는 긍정(立)과 부정(破), 분석(開)과 종합(合) 어느
한 쪽에 치우치지 않고 다양성을 인정하면서도 새로운 차원에서
통일하는 화쟁(和諍)의 논리를 제시하였고, 퇴계(退溪)도 분석(分
開)과 종합(渾淪) 어느 한 쪽에 치우치지 않으면서 같음(同) 가운데
서도 다름(異)을 보고 다름(異) 가운데서도 같음(同)을 보는 변증적
(周悉無偏)인 방법을 제시하였다.

　　이렇게 볼 때 동양사상의 문제는 "어떻게 존재 그 자체의 연관
성(같음)을 깊게 인식하고, 서로의 다름(다양성)을 이해하면서, 사
람들끼리 그리고 다른 존재자들(생명체들)과도 함께 잘 어울려 살
수 있는가?" 하는 것이라고 할 수 있는데, 이런 문제는 오늘의 다문
화주의 논의에 관한 근본적인 반성과 함께 주체적 실천의 새로운
지평을 제시하는데 중요한 의미를 가질 수 있다고 생각한다.

7. 孔子의 學問觀과 敎育論

1) 동아시아(East Asia)와 儒學(仁學/聖學)

중국의 春秋戰國시대에 孔子(B.C.551-B.C.479)에 의하여 그 씨앗이 뿌려지고, 漢唐을 거쳐 南宋의 朱熹(1130-1200)에 의하여 새롭게 체계화된 儒學(儒敎)은 朝鮮의 退溪(1501-1570)와 栗谷(1536-1584)에 이르러 꽃피었으며, 지구촌·정보혁명·세계화의 시대를 살고 있는 우리의 삶과 文化와 意識 속에도 지하수처럼 녹아 흐르고 있다. 유학은 기본적으로 주체의 변화(修己/明明德)와 사회적 실천(安人/新民)을 통해 仁을 실현하고 聖人이 되는 것을 추구하는 仁學/聖學이라고 할 수 있다.

그리고 이런 儒學(儒敎)의 문제는 존재의 근원에 대한 관심과 감사(知天/事天), 주체의 변화와 자유(克己/修己), 관계 속의 어울림과 실천(愛人/愛物) 혹은 "(존재의 근원에)감사하고, (존재자들끼리)사랑하자"라고 요약해볼 수 있지 않을까?

2) 배움(學)과 가르침(敎)의 문제의 중요성

『논어(論語)』의 제1장(學而)에서는 人生에 관하여 다음과 같이 이야기하고 있다.

공자(孔子)께서 말씀하셨다. "배우고 때때로 그것을 익히면 또한 기쁘지 아니한가? 벗이 먼 곳으로부터 찾아오면 또한 즐겁지 아니한가? 다른 사람들이 알아주지 않더라도 성내지 않는다면 또한 군자(君子)가 아니겠는가?"(子曰 學而時習之, 不亦說乎? 有朋自遠方來, 不亦樂乎? 人不知而不慍, 不亦君子乎?)

위의 인용문에서는 먼저 인생에 있어서의 배움(學習)의 기쁨(悅)과 만남의 즐거움(樂)을 이야기하고 있다.

사람은 태어나서부터 많은 배움을 통하여 사람다운 사람이 되어가는 것이다. 다시 말해서 인생이란 '사람됨'의 과정이라고 할 수 있다. 그런데 여기서 학습(學·習)이란 단순히 머리로 이해하는 것으로 그치는 것이 아니라, 배우고(學) 익히는(習)는 것이다. 배우는 것이 앎·이해(知)라면, 익히는 것은 함·실천(行)을 의미한다. 참된 배움이란 모르던 것을 알아서 삶 속에서 반복하여 익히고 실천하는 것이다. 자동차운전과 컴퓨터를 배운다고 할 때, 자동차와 컴퓨터의 구조와 기능 및 조작에 관하여 책을 보고 이해하였다고 바로 자동차를 잘 운전할 수 있고 컴퓨터를 잘 조작할 수 있는 것은 아니다. 반복적이고 지속적인 연습(習)을 통하여 점차적으로 자유롭게 조작하고 활용할 수 있게 되는 것이다. 인생의 모든 과정이 새의 두 날개처럼 앎(知)과 함(行)이 함께 이루어지는 것이 아닐까? 모르던 것을 배워 알아서 보이지 않던 것이 보이고 들리지 않던 것이 들리며, 오랜 연습을 통하여 할 수 없던 일을 자유롭게 할 수 있게 되었을 때, 마음 속 깊은 곳으로부터 샘물처럼 솟아오르는 기쁨 혹은 즐거움을 느끼게 되지 않겠는가?

또한 인생은 만남과 헤어짐의 과정이라고 할 수도 있다. 우리는 많은 사람들과 만나고 헤어지며, 만남이 있으면 헤어짐이 있고 헤어짐이 있으면 새로운 만남이 있다. 그런데 인생의 여러 만남 가운데, 시간과 공간을 초월하여 나와 뜻을 함께 할 수 있는 벗(同志)을 한명이라도 그리고 한번이라도 만날 수 있다면 또한 즐거운 일이 아니겠는가? 배움의 기쁨(悅)이 실존적 내면으로부터 우러나오는 것이라면, 벗과의 만남의 즐거움(樂)은 다른 사람과의 관계 속에서 체험하게 되는 것이다. 배움의 기쁨과 만남의 즐거움을 빼놓고, 인생의 참된 기쁨 혹은 즐거움(悅樂)을 이야기 할 수 없지 않을까?

그런데 위의 인용문에서는 이와 함께 마지막으로 마음공부의 필요성과 중요성에 관하여 강조하고 있다. 다른 사람들의 평가에 너무 얽매이지 않고 함부로 "네 탓이오"(求諸人)하지 않으며, 스스로 돌아보면서(求諸己) 인생의 길을 꿋꿋하고 으젓하게 걸어가려고 노력한다면, 바로 이런 사람을 멋있는 사람 혹은 큰 사람(君子·大人)이라고 할 수 있지 않을까? 보이지 않는 마음(心)을 잘 닦고 다스리기 위해서는 지속적인 훈련과 기술이 필요하며, 마음공부란 자아(自我)의 기술이며 또한 존재(存在)의 기술이라고 할 수 있지 않을까?

공자는 "말없이 기억하며, 배우되 싫어하지 않고, 다른 사람을 가르침에 게을리 하지 않는 것, 이 가운데 어느 것이 나에게 있겠는가?"(子曰 默而識之, 學而不厭, 誨人不倦, 何有於我哉?, 述而)라고 하였고, 맹자는 "군자에게 세가지의 즐거움이 있는데, 부모가 함께 살아 계시고 형제들이 문제가 없는 것이 첫 번째 즐거움이며, 우러러 하늘에 부끄럽지 않고 아래로는 사람들에게 부끄럽지 않은 것이 두 번째 즐거움이며, 천하의 뛰어난 인재를 얻어 가르치는 것이 세 번째 즐거움이다"(孟子曰 君子有三樂, 父母俱存 兄弟無故 一樂也, 仰不愧於天 俯不怍於人 二樂也, 得天下英才而敎育之 三樂也. 盡心··上)라고 하여, 인생에 있어서 배움(學)과 가르침(敎)의 문제를 무척 중요시하였다.

3) 공자의 학문관 : 배움(學)에 관하여

(1) '好學'과 '爲己之學'

공자는 "나는 태어나면서부터 아는 그런 사람이 아니며, 옛것을 좋아하여 잘 그것을 추구한 사람이다"라고 하면서, "군자가 먹는 일에 있어 배부른 것을 바라지 않고, 거처함에 있어 편안한 것을 바라지 않으며, 실천은 빠르게 하고 말을 함부로 하지 않으며(敏於事

而愼於言), 道가 있는 곳에 나가 바로잡는다면, 好學한다고 할 수
있다"(學而)라고 하였고, "옛날의 학자들은 자신을 위한 학문을 하
였지만, 지금의 학자들은 다른 사람을 위한 학문을 한다"라고 하면
서 사람다운 사람이 되기 위한 학문 혹은 자신의 인격의 완성을 추
구하는 학문으로서의 '爲己之學'을 중요시하였으며, 이런 학문의
방법으로서 '思學並進'과 '下學而上達'을 제시하였다.

(2) 思學並進과 '下學而上達'

공자는 "나는 하루 종일 밥도 먹지 않고 밤새도록 잠도 자지 않
고 헤아렸지만 도움이 되지 않았으며, 배우는 것만 같지 못하였다"
(衛靈公)라고 하면서, "배우되 헤아리지 않으면 어둡게 되고, 헤아
리되 배우지 않으면 위태롭게 된다"(學而不思則罔, 思而不學則殆.
爲政)라고 하여, 수동적으로 책을 읽고 강의를 들으며 주체적으로
사유하지 않는다면 죽은 지식으로 끝나게 되며 혼자 사유하기만
하고 책도 읽지 않고 강의도 듣지 않는다면 바르게 사유할 수 없다
고 하였는데, 이와 관련하여 『中庸』 제20장에서는 앎(知)과 함(行)의
문제에 관하여 다음과 같이 보다 구체적으로 말하고 있다.

넓게 배우며, 구체적으로 물으며, 논리적으로 헤아리며, 밝게 판단하고,
잘 실천한다.
배우지 않음이 있더라도 배우되 잘 배우지 못하면 그만두지 않고, 묻지
않음이 있더라도 묻되 잘 알지 못하면 그만두지 않고, 헤아리지 않음이
있더라도 헤아리되 잘 깨닫지 못하면 그만두지 않고, 판단하지 않음이 있
더라도 판단하되 밝게 판단하지 못하면 그만두지 않으며, 실천하지 않음
이 있더라도 실천하되 잘 실천하지 못하면 그만두지 않는다.
다른 사람이 한 번에 할 수 있으면 자신은 백 번을 하고, 다른 사람이 열
번에 할 수 있으면 자신은 천 번을 한다.

참으로 이렇게 할 수 있으면, 비록 어리석지만 반드시 밝아지게 되고 비록 유약하지만 반드시 강건해지게 된다.

(博學之, 審問之, 愼思之, 明辨之, 篤行之.

有弗學 學之 弗能 弗措也, 有弗問 問之 弗知 弗措也, 有弗思 思之 弗得 弗措也, 有弗辨 辨之 弗明 弗措也, 有弗行 行之 弗篤 弗措也.

人一能之 己百之, 人十能之 己千之. 果能此道矣, 雖愚 必明, 雖柔 必强.)

공자는 이와 함께 "하늘을 원망하지 않고 다른 사람을 탓하지 않으며, 아래로부터 배워 위에 이르니, 나를 알아주는 것은 하늘이로구나!(不怨天 不尤人, 下學而上達, 知我者 其天乎!)"(憲問)라고 하였는데, '아래로부터 배워서 위에 이른다'는 것은 가까운 것으로부터 먼 것으로/쉬운 것으로부터 어려운 것으로/구체적인 것으로부터 근본적인 것으로 하나씩 배우는 점진주의적 방법이라고 할 수 있다.

(3) 앎(知)과 좋아함(好) 그리고 즐김(樂)

공자는 "아는 것은 안다고 하고, 모르는 것은 모른다고 하는 것, 이것이 참으로 아는 것이다"라고 하면서, "아는 것은 좋아하는 것만 못하고, 좋아하는 것은 즐기는 것만 못하다.(知之者 不如好之者, 好之者 不如樂之者. 雍也)라고 하여 知·好·樂의 문제에 관하여 말하였다. 이에 관하여 集註에서는 "안다는 것은 이 도가 있음을 아는 것이며, 좋아한다는 것은 좋아하지만 아직 얻지 못한 것이며, 즐긴다는 것은 얻어서 즐기는 것이다"(知之者 知有此道也, 好之者 好而未得也, 樂之者 有所得而樂之也)라고 하였고, "오곡에 비유하면 아는 것은 그것이 먹을 수 있음을 아는 것이며, 좋아하는 것은 먹고서 좋아하는 것이며, 즐기는 것은 좋아하여 배부르게 먹는 것이다. 알지만 좋아할 수 없으면 이것은 앎이 지극하지 못한 것이며, 좋아하지만 즐김에 이르지 못하면 이것은 좋아함이 지극하지 못한 것이니, 이것이 옛날의 배우는 사람들이 스스로 힘써서 그치지 않은 까닭이다"(譬之五穀, 知者 知其可食者也, 好者 食而耆之者也, 樂者 耆之而飽者也. 知而不能好 則是知之未至也, 好之而未及於樂 則是好之未至也, 此古之學者 所以自强而不息者與)라고 하였다.

4) 공자의 교육론 : 가르침(敎)에 관하여

공자는 현실적으로 의식주와 관련된 문제를 해결하는 경제가 중요하지만, 근본적으로 사람이 사람답게 살기 위해서는 잘 가르쳐야 한다고 하면서, 다음과 같은 교육의 방법을 제시하였다

(1) 啓發的 교육

공자는 "알려고 노력하지 않으면 깨우쳐주지 않고, 말하려고 노력하지 않으면 열어주지 않는다. 한 모서리를 들어주었는데 세 모서리로 대답하지 않으면 다시 가르쳐주지 않는다"(不憤不啓, 不悱不發, 擧一隅不以三隅反, 則不復也. 述而)라고 하여, 학생의 주체적 의지와 노력을 중요시하는 啓發的 교육을 하였다. 여기서 '憤'이란 마음으로 통하려고 하지만 아직 이해하지 못한(心求通而未得) 것이며 '悱'란 입으로 말하려고 하지만 그렇지 못한(口欲言而未能) 것이고, '啓'는 그 뜻을 열어주는(開其意) 것이며 '發'은 그 말을 이루어주는(達其辭) 것을 의미한다.

(2) 因材施敎와 應病與藥

공자의 여러 제자들 가운데는 德行·言語·政事·文學의 4가지(孔門四科)에 뛰어난 제자들이 있었고, 공자는 사람의 성격(수준) 그리고 상황에 따라서 그에 맞게 가르쳤으며(因材施敎), 病에 따라 藥을

쓰는(應病與藥) 방식으로 가르쳤는데, 이런 방식의 교육에 관하여 다음과 같은 3명의 제자와의 대화를 통하여 잘 알 수 있다.

> (子路)"옳은 것을 들으면 바로 실천해야 합니까?"
> "父兄이 계신데, 어떻게 그것을 들었다고 바로 실천할 수 있겠는가?"
>
> (冉有)"옳은 것을 들으면 바로 실천해야 합니까?"
> "들으면 바로 실천해야 하느니라"
>
> (公西華)"자로가 물으면 '父兄이 계시다'라고 하고 염유가 물으면 '바로 실천해야 한다'라고 하시니, 잘 이해가 되지 않아 여쭈어보겠습니다."
> 염유는 물러나는 성격이기 때문에 나아가게 하였고,
> 자로는 앞서가는 성격이기 때문에 물러나게 한 것이다
> (求也退 故進之, 由也兼人 故退之)"(先進)

공자는 너무 적극적인 제자는 조금 눌러주고 너무 소극적인 제자는 북돋아주어, 자신의 단점을 보완하여 지나침과 모자람이 없도록(無過不及) 가르쳤다고 할 수 있다.

그리고 공자는 曾參에게 "나의 도는 하나로써 모든 것을 꿰뚫었느니라(吾道一以貫之. 里仁)라고 하여, 자신이 여러 분야에 대한 많은 지식(정보)을 소유하는 것에 그치는 것이 아니라 모든 것을 貫通할 수 있는 하나의 보편적 원리(一貫之道)를 깨달았음을 강조하였으며, "仁이란 무엇인가?"라는 제자들의 질문에 관하여 '愛人'(顏淵) '忠恕'(里仁) '克己復禮'(顏淵) 등으로 대답하면서, 仲弓과 子貢의 질문에 대하여 "네가 하기 싫은 일은 다른 사람에게도 시키지 말라"(己所不欲勿施於人. 顏淵/衛靈公)라고 소극적으로 설명하였으며 子貢의 다른 질문에 대하여 "내가 하서고 싶으면 다른 사람도

세워주고, 내가 이루고 싶으면 다른 사람도 이루게 해준다"(己欲立
而立人, 己欲達而達人. 雍也)라고 하여 적극적으로 설명하였다.

이런 공자의 교육의 방법은 茶山 丁若鏞(1762-1836)과 강진 유배
시절의 제자 黃裳(1788-1863)에게도 그대로 이어진다. 황상이 75세
때 쓴「壬戌記」에는 다산이 15세의 제자에게 써준 '三勤戒'에 관한
내용이 다음과 같이 기록되어 있다.

> 내가 山石에게 文史를 공부할 것을 권했다. 산석은 머뭇거리더니 부끄러
> 워하는 얼굴로 사양하며 이렇게 말했다. '제게 3가지 病이 있습니다. 첫
> 째는 둔한(鈍) 것이며, 둘째는 막힌(滯) 것이며, 셋째는 서투른(戛) 것입니
> 다. 내가 말했다. '배우는 사람에게 큰 病이 3가지 있는데 네게는 그것이
> 없구나. 첫째 외우는데(記誦) 빠르면(敏) 그 폐단이 소홀한데(忽) 있다. 글
> 짓기(述作)에 날래면(銳) 그 폐단이 들뜨는데(浮) 있다. 셋째 깨달음(悟解)
> 이 빠르면(捷) 그 폐단이 거친데(荒) 있다. 무릇 둔하지만 뚫는(鑿) 사람은
> 그 구멍이 넓어지고(豁), 막혔다가 한번 터지면(疏) 그 흐름이 넉넉해지고
> (沛), 서투르지만 늘 닦으면(磨) 그 빛이 반짝반짝하게(澤) 된다. 그렇다면
> 뚫는 것은 어떻게 해야 할까? 부지런히 해야(勤) 한다. 튀우는 것은 어떻
> 게 해야 할까? 부지런히(勤) 해야 한다. 늘 닦는 것은 어떻게 해야 할까?
> 부지런히(勤) 해야 한다. 네가 어떻게 부지런히 해야 할까? 마음을 잘 잡
> 아야 한다(秉心確).'

제자의 단점을 오히려 장점으로 바꿀 수 있도록 용기를 준 스승
의 가르침 때문에 황상은 인생이 바뀌었고, 뛰어난 시인이 될 수
있었던 것이다. 얼마나 아름다운 만남인가?

(3) 예술(詩/樂)과 자연(山水)

공자는 "사람으로서 仁하지 않다면 禮를 어찌하며, 사람으로서

仁하지 않다면 樂을 어찌하겠는가?"(人而不仁 如禮何, 人而不仁 如
樂何? 八佾)라고 하여 사람다움 혹은 사랑(仁)에 기초하지 않은 문
화(禮와 樂)를 비판하였으며, "시에서 일으키고, 예에서 서며, 음악
에서 이룬다"(興於詩, 立於禮, 成於樂. 泰伯)라고 하여 기본적으로
도덕(禮)이 중요하지만 예술(詩/樂)이 도덕을 보완하고 완성시켜줄
수 있다고 하였다.

공자는 詩에 관하여 "시를 배우지 않으면 말을 할 수 없고(不學
詩 無以言)…예를 배우지 않으면 설 수 없다(不學禮 無以立)"(季氏)
라고 하였고, "자네들은 어찌하여 시를 배우지 않는가? 시는 興·觀·
群·怨할 수 있게 해준다"(陽貨)라고 하였으며, 또한 齊나라에서 韶
라는 음악을 듣고 3개월 동안 고기 맛을 잊었으며 "음악이 이런 경
지에 까지 이르게 될 줄은 몰랐다"(述而)라고 하였고, 다른 사람들
과 어울려 노래할 때 그 사람이 잘하면 다시 한 번 부르게 하고 그
런 뒤에 화답하실 정도로(述而) 시와 음악을 포함한 예술을 무척
좋아하였다.

공자는 "지혜로운 사람은 물을 좋아하고, 어진 사람은 산을 좋아
한다(知者樂水, 仁者樂山). 지혜로운 사람은 動하고 어진 사람은 靜
하며, 지혜로운 사람은 즐겁고 어진 사람은 오래 산다"(雍也)라고
하면서 자연(山水) 속에서 性情을 기르는 것을 중요시하였으며, 曾
點이라는 제자가 "沂水에서 목욕하고 舞雩에서 바람을 쏘이며 詩
를 읊조리며 돌아오고 싶습니다"(先進)라고 한 것에 대하여 "吾與點
也"라고 하면서 자연과 예술이 하나로 어우러진 체험에 대한 공감
을 표현하였다.

5) 그 현대적 의미

이런 공자의 학문관과 교육론은 오늘의 우리에게 어떤 의미가

있으며 또한 어떤 방향을 제시해줄 수 있는가?

1. '넓고 깊고 바르게' 사유하기 위한 훈련의 중요성(思學並進/下學而上達)

   '哲學'이란 '지혜에 대한 사랑'으로서의 'Philosophia'의 번역어이다.
   우리는 누구나 사유하지만, 늘 '철학적'으로 사유하는 것은 아니다.
   어떤 사물이나 문제에 관하여 '철학적'으로 사유한다는 것은
   넓고(전체적/종합적, 관계), 깊고(근원적/분석적, 근거·본질·원리),
   바르게(논리적/주체적, 뜻·왜?) 사유하려고 노력하고 훈련하는 것이다.
   사유의 결과로서의 이론(지식) 그 자체가 중요한 것이 아니라, 무엇에 관
   하여 어떻게 사유하느냐 하는 사유의 과정과 방법이 중요한 것이다.

2. 감성과 이성의 조화 및 이론과 실천의 통일(禮와 詩·樂/知·好·樂/知와行)

   감성적으로 느끼기만 하고 이성적으로 헤아려보지 않으면 깊이가 없게
   되고, 이성적으로 헤아리기만 하고 감성적으로 느끼지 못하면 추상적(관
   념적)인 것으로 끝나버릴 수 있다.
   따라서 사람이 사람답게 그리고 잘 살기 위해서는 감성(感性)과 이성(理
   性)의 조화 가 이루어져야 하지 않을까? 그리고 어느 곳을 잘 가려면 눈으
   로 보면서(知) 발로 걷고 (行), 발로 걸으면서(行) 눈으로 보아야(行) 한다.

3. 주체성과 창조성을 중요시하는 교육(啓·發/因材施敎와 應病與藥)

   주체적으로 사유하고 인식(이해)하는 것도 중요하지만, 자신의 사유(감
   정)를 언어적으로 표현하고, 새로운 것을 꿈꾸고 창조할 수 있어야 한다.
   주체적으로 살지만 다양성을 인정하고 다른 사람과 잘 어울려 살며,
   다른 사람과 잘 어울려 살지만 주체성을 잃어버리지는 않는다.(和而不同)

4. 새로운 정보통신/네티즌 윤리를 위하여:

   "네가 해킹당하고 싶지 않으면, 너도 해킹하지 마라"(己所不欲勿施於人)

5. 존재의 근원(天/父母)에 대한 관심과 감사(事親/孝→知天/事天)

  아무 것도 없지(無) 않고 무엇인가 있으며(有), 우주 속의 푸른 점과 같은
  지구에 사람으로 태어났다는 것은 얼마나 놀라운 일인가?

  (Earth is miracle, Life is mystery. Y.A.Bertrand)

어떤 地球人의 노래(自作詩)

宇宙처럼 커다란 집이 어디 있으며,
宇宙처럼 좋은 집이 어디 있는가?

몇 坪을 계산할 수도 없고,
사고 팔 수도 없으며

계절따라 인테리어가 바뀌고
밤낮으로 照明이 自動調節되며,

흘러가는 물의 演奏에
새들이 노래하며 춤을 추네.

내 집이라 하면 내 집이고,
네 집이라 하면 네 집이고

나 혼자만 가질 수도 없고,
너 혼자만 가질 수도 없고
나도 여기서 살고,
너도 여기서 살고

아, 宇宙처럼 커다란 집이 어디 있으며,
宇宙처럼 좋은 집이 어디 있는가?

제2부 한국사상과 退溪學

1. 한국의 철학과 사상

1) 思想과 文化 : 세계관과 삶의 방식
2) 原型(고유성)과 전개(외래성)/보편성(영원성)과 특수성(역사성)
3) 전통과 창조 : 主體性과 열린 마음
4) 흐름과 문제(문화예술적/종교철학적/사회윤리적)

   고조선 : 固有思想(原型)－檀君神話와 風流道
   삼국시대 : *儒·道·佛의 전래와 수용, 그리고 공존
          불교의 호국적 성격
     고구려 : 소수림왕 2년(372)－太學의 설립 및 불교의 전래
     백제 : 침류왕 1년(384)－불교의 전래
         王仁이 『論語』『千字文』을 일본에 전해줌
     신라 : 異次頓의 순교로 불교를 공인함(법흥왕 15년, 527)
         圓光의 '世俗五戒'(擇時·擇物)
         慈藏(吾寧一日持戒而死 不願百年破戒而生)

  통일신라시대
   *신문왕 2년(682), 國學설립
   *원성왕 4년(788), 讀書三品科←『論語』『孝經』

*元曉(617-686)의 '一心二門'과 和諍 / 불교의 대중화
*義湘(625-702)의 華嚴宗 / 『華嚴一乘法界圖』←五敎九山
*崔致遠(857-?)

고려 전기
*「訓要十條」(太祖) / 과거제도의 실시(光宗, 959)
*崔承老(920-989)의 「時務28條」(成宗)
*私學-崔冲의 文憲公徒(九齋學堂, 1055)
*敎宗과 禪宗의 대립과 조화
義天(1055-1101)의 '敎觀兼修'와 '內外兼全'(天台宗의 창시)
고려 후기
知訥(1158-1210)의 '頓悟漸修'와 '定慧雙修'(曹溪宗의 창시)
*新儒學(朱子學)의 전래와 수용(道·佛에 대한 비판)
安珦·白頤正/權溥, 『四書集註』
鄭夢周(1337-1392, 不事二君)

조선 전기
鄭道傳(1342-1398, 혁명/불교비판/정치제도의 설계)
←官學(훈구파)
權近(1352-1409, 성리학의 이론적 체계화/經學)
*趙光祖(至治주의)/徐敬德(氣)과 李彦迪(理)←士林派(士禍)
*退溪 李滉(1501-1570)의 四端七情論과 敬
栗谷 李珥(1536-1584)의 人心道心說과 更張論
조선 후기
*禮學과 湖洛논쟁(人物性同異論)
*西學의 전래와 수용(儒敎와 그리스도교의 만남)
Matteo Ricci(1552-1610)와 『天主實義』

*實學-李瀷/洪大容·朴趾源·朴齊家/金正喜와 崔漢綺

　　茶山 丁若鏞(1762-1836)의 昭事之學과 性嗜好說

*東學-水雲 崔濟愚(1824-1904)와 『東經大全』

2. 한국사상의 原型 : 壇君神話의 보편성과 특수성

*神話(Myth)와 祭儀(Rituals) : 신념체계(설명체계)와 실천체계
*상징성·역사성·사상성(종교성)
신화적 형식(상징적 표현)/역사적 경험(사실)/사상적 내용(구조와 의미)

1) 一然(1206-1289)의 『三國遺事』 제1권, 紀異篇 「古朝鮮」

貪求人世·弘益人間　　　願化爲人　　　　　(祭·政)
　　桓雄　　　 + 　　　**熊女**　→　　**壇君王儉/古朝鮮**
　　　(天)　　　　　　　　(地)　　　　　　　(人)
神壇樹(神市)/在世理化　Totemism　　始祖의 탄생/역사의 시작

(1) 신적 존재(桓因·桓雄)의 인간에 대한 관심(貪求人世)과 사랑(弘益人間),
그리고 존재의 원리 혹은 신적 존재의 뜻에 따른 정치(在世理化)
←存在의 根源으로서의 하늘(天)에 대한 궁극적 관심

(2) 山(山頂)이란 땅(地)과 관계가 있으면서도 하늘(天)과 가장 가까운 곳으로서, 일상성(俗)을 초월하여 神性(聖)을 체험할 수 있는 그리고 새로운 세계가 열리는 신비로운 공간(神檀樹·神市)이라고 할 수 있지 않은가?

(3) 참음(부정)의 과정을 거쳐 사람의 몸(人形/女身)을 가지게 되었

지만(願化爲人/熊女),동물성과 神性의 통일(熊女와 남자로 假化한 桓雄의 결혼)에 의하여 비로소 참된 사람(壇君王儉)으로 태어나게 되었다.

(4) 하늘(天)과 땅(地)의 조화에 의하여 사람(人)이 태어났으며, 사람은 하늘과 땅의 중간적 존재이며, 또한 하늘과 땅을 매개할 수 있는 존재라고 할 수 있다.

(5) 사람은 기본적으로 동물로서 꼴(形)을 지니고 있고 일상성(俗) 속에서 살지만, 神性을 함께 지니고 있고 꼴(形)과 일상성을 초월할 수 있으며, 사람의 역사와 문화(古朝鮮)란 일상성(俗) 속에서 神性(聖)을 체험하며 실현해가는 과정이라고 할 수 있지 않은가?

2) 『三國遺事』와 『帝王韻紀』의 비교

(1) 古記云 … 桓因(謂帝釋也) … 熊女者 無與爲婚, 故每於壇樹下 呪願有孕, 雄乃假化而婚之孕生子,號曰壇君王儉.

(2) 李承休(1224-1300), 『帝王韻紀』下卷, 「前朝鮮紀」

本紀曰 … 上帝桓因 … 令孫女飮藥成人身 與檀樹神 婚而生男 名檀君.

*윤내현(엮음), 사료로 보는 우리 고대사, 지식산업사(2007)
*이은봉(엮음), 단군신화 연구, 온누리(1986)
*이재호 옮김, 三國遺事/三國史記, 솔(1997)

3. 한국불교(元曉와 知訥)

1) 元曉(617-686)의 一心과 和諍(無碍)

(1) 시대와 생애

*『三國遺事』제4권 제5 義解「元曉不羈」/『宋高僧傳』「元曉傳」,「義湘傳」

*불교가 공인되고(法興王 15년, 527년) 약 100년 후에 태어남
*圓光(542-638)・慈藏(590-658)과 惠空・大安
 ←백제(660)/고구려(668) 멸망, 삼국통일(676)

*誓幢(새털) / 元曉佛日을 빛나게 한다 / 初開寺(佛地村) (『三國遺事』
 「元曉不羈」)
*10세 이전에 출가 / 隨師稟業 遊處無恒 (『宋高僧傳』「元曉傳」)
*1차 유학 시도(650) - 원효 34세/의상 26세 (『三國遺事』義解「義湘
 傳敎」)
 2차 입당유학 포기(661)-원효 45/의상 37세 (『宋高僧傳』「義湘傳」)

> 마음이 일어나므로 온갖 法이 일어나고, 마음이 사라지므로 땅굴(龕)과
> 무덤(墳)이 둘이 아니며, 三界는 오직 마음이며 모든 法은 오직 인식이니,
> 마음 밖에 法이 없는데 어찌 따로 구하겠는가?
> 나는 入唐하지 않겠다. (心生故種種法生, 心滅故龕墳不二, 又三界唯心 萬
> 法唯識, 心外無法胡用別求? 我不入唐) ←心生則種種法生, 心滅則種種法滅
> (『大乘起信論』, 生滅因緣)

*요석공주와의 관계 / 小姓居士 / "一切無碍人 一道出生死"(『三國
 遺事』「元曉不羈」)

(2) 저술과 사상

*發心修行章, 涅槃經宗要, 金剛三昧經論, 大乘起信論疏·別記, 十門
和諍論, 二障義 등

*무릇 모든 부처님들이 涅槃의 궁전을 장엄함은 오랜 시간에 걸쳐 愛
欲을 버리고 苦行을 했기 때문이며, 衆生들이 불타는 집 속에서 輪
廻함은 헤아릴 수 없는 세월 동안 貪慾을 버리지 못했기 때문이다.
　(夫諸佛莊嚴寂滅宮, 於多劫海捨欲苦行, 衆生輪廻火宅門, 於無量
　世貪慾不捨. 發心修行章)
*뭇 경전의 부분을 통합하여 온갖 흐름을 一味로 돌아가게 하고, 부
처님의 뜻의 지극한 공정함을 전개하여 여러 학파의 서로 다른 논
쟁들을 조화시킨다.
　(統衆典之部分, 歸萬流之一味, 開佛意之至公, 和百家之異諍. 涅
　槃經宗要)

*(이 論은) 깨뜨리지 않으면서 깨뜨리지 않음이 없고 세우지 않으면
서 세우지 않음이 없으므로, 이치가 없는 지극한 이치이며 그렇지
않은 커다란 그러함이라고 할 수 있다. … 이 經의 宗要는 분석(開)
과 종합(合)이 있는데, 종합적으로 말하면 一味觀行을 요체(要)로
삼으며, 분석적으로 말하면 十重法門을 근본(宗)으로 삼는다.
　(無破而無不破, 無立而無不立, 可謂無理之至理, 不然之大然矣. …
　此經宗要 有開有合, 合而言之 一味觀行爲要, 開而說之 十重法門
　爲宗. 金剛三昧經論)
*諸論之祖宗, 群諍之評主 (大乘起信論·別記) / 開合自在, 立破無碍
　(大乘起信論·疏)

　원효는 그의 『大乘起信論疏·別記』에서 『起信論』(馬鳴?)의 성격

을 中觀과 唯識의 종합과 止揚이라고 평가하면서, 『起信論』은 淸淨한 마음의 본체가 空하다는 것을 강조하는 중관(부정)과 染汚해지기 쉬운 마음의 현상을 구체적으로 잘 분석하고 있는 유식(긍정)이 잘 조화를 이루어 '眞俗不二'라는 부처님의 뜻을 잘 드러낸 것이라고 보았다.

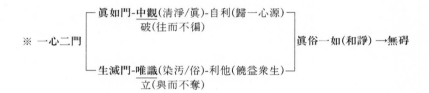

다시 말하면 이 책은 인간들이 染汚한 현실(俗) 속에서 지속적인 修行을 통하여 깨달음을 추구함에 의하여 완성된 인격(眞)을 이루어갈 수 있으며(上求菩提/自利), 한편으로는 깨달음의 단계(眞)에 이른 사람은 아직 染汚한 상태(俗)에 있는 衆生을 이끌어야 할 책임이 있는 것임(下化衆生/利他)을 주장하여 '眞俗一如'라는 부처님의 가르침을 잘 나타낸 논서라고 할 수 있다.

고영섭, 원효(한국사상의 새벽), 한길사(2002)
은정희, 「元曉大師」, 한국불교인물사상사(불교신문사 편), 민족사(1995)
　　　大乘起信論 강의, 예문서원(2008)
呑虛스님, 發心修行章 강의, 불서보급사(1994)
김영태, 한국불교사, 경서원(2006)
　　　韓國佛敎古典名著의 세계, 민족사(1994)

◎發心修行章(元曉)

*夫諸佛諸佛莊嚴寂滅宮 於多劫海 捨欲苦行,
衆生衆生輪廻火宅門 於無量世 貪欲不捨.
無防天堂 少往至者 三毒煩惱 爲自家財,
無誘惡道 多往入者 四蛇五欲 爲妄心寶.

무릇 모든 부처님들이 Nirvana에 이른 것은 오랫동안 욕망을 버리
고 고행을 했기 때문이며,

중생들이 불타는 집 속에서 윤회하는 것은 오랫동안 탐욕을 버리
지 못했기 때문이다.

막지 않는 천당에 가는 사람이 적은 것은 三毒과 번뇌를 자기의
재화로 삼았기 때문이고,

이끌지 않는 악도에 빠지는 사람이 많은 것은 四蛇와 五欲을 어리
석게 마음의 보배로 삼았기 때문이다.

*高嶽峨山 智人所居, 碧松深谷行者所棲.
飢殍木果 慰其飢腸, 渴飮流水 息其渴情.
喫甘愛養 此身定壞, 着柔守護 命必有終.
助響巖穴 爲念佛堂, 哀鳴鴨鳥, 爲歡心友.
拜膝如氷 無戀火心, 餓腸如切 無求食念.
忽至百年 云何不學, 一生幾何 不修放逸.

높은 산과 바위는 지혜로운 사람이 살 곳이며, 푸른 소나무 깊은
골짜기는 수행하는 사람이 살 곳이다.

배가 고프면 나무의 열매를 먹어 그 배고픔을 달래고, 목이 마르
면 흐르는 물을 마셔 그 목마름을 달랜다.

맛있는 것을 먹고 잘 길러도 이 몸은 무너지게 되고, 좋은 옷을 입
고 지켜도 반드시 죽게 된다.

메아리가 울리는 바위굴로 법당을 삼고, 슬프게 우는 오리와 새로
마음을 즐겁게 하는 벗으로 삼는다.

절하는 무릎이 얼음 같더라도 불을 생각하지 않고, 주린 창자가
끊어질 것 같더라도 밥을 생각하지 않는다.

홀연히 백년에 이르니 어찌하여 배우지 않으며, 일생이 얼마나 된
다고 닦지 않고 게으른가?

리 심 중 애　시 명 사 문　불 연 세 속　시 명 출 가
*離心中愛 是名沙門, 不戀世俗 是名出家.
행 자 라 망 구 피 상 피　도 인 연 회　위 입 서 궁
行者羅網 狗被象皮, 道人戀懷 蝟入鼠宮.

마음 속의 애욕을 버리는 것을 沙門이라 하고, 세속에 얽매이지
않는 것을 出家라고 한다.

수행자가 애욕의 그물에 걸리는 것은 개에게 코끼리의 가죽을 씌
우는 것과 같고,

도를 닦는 사람이 마음 속으로 분별하는 것은 고슴도치가 쥐구멍
에 들어가는 것과 같다.

수 유 재 학　무 계 행 자　여 보 소 도 이 불 기 행
*雖有才學 無戒行者 如寶所導而不起行,
수 유 근 행　무 지 혜 자　욕 왕 동 방 이 향 서 방
雖有勤行 無智慧者 欲往東方而向西方.
유 지 인 소 행　증 미 작 반　무 지 인 소 행　증 사 작 반
有智人所行 蒸米作飯, 無智人所行 蒸沙作飯.
공 지 끽 식 이 위 기 장　부 지 학 법 이 개 치 심
共知喫食而慰飢腸, 不知學法而改痴心.
행 지 구 비　여 거 이 륜　자 리 이 타　여 조 양 익
行智具備 如車二輪, 自利利他 如鳥兩翼.

비록 재주와 학식이 있지만 戒行이 없는 사람은 깨달음으로 이끌
어도 일어나 가지 않는 것과 같고,

비록 부지런히 노력하지만 智慧가 없는 사람은 동쪽으로 가려고
하면서 서쪽으로 가는 것과 같다.

지혜로운 사람이 하는 것은 쌀로 밥을 짓는 것과 같고, 어리석은
사람이 하는 것은 모래로 밥을 지으려는 것과 같다.

사람들은 밥을 먹어 배고픔을 달래는 것은 알면서도 法을 배워 어리석은 마음을 고치는 것은 알지 못한다.

戒行과 智慧를 갖추는 것은 수레의 두 바퀴와 같고, 자기를 이롭게 하고 다른 사람을 이롭게 하는 것은 새의 두 날개와 같다.

*棄世間喧 乘空天上 戒爲善梯, 是故 破戒爲他福田, 如折翼鳥 負龜翔空. 自罪未脫 他罪不贖.

世樂後苦何貪着哉, 一忍長樂 何不修哉. 道人貪 是行者羞恥, 出家富 是君子所笑.

破車不行, 老人不修. … 莫速急乎, 莫速急乎.

세상의 시끄러움을 버리고 천상에 올라감에 戒가 좋은 사다리가 되니, 破戒하고 다른 사람의 福田이 되려고 하는 것은 날개 부러진 새가 거북이를 업고 하늘을 날려고 하는 것과 같다. 자기의 罪를 벗어나지 못하면, 다른 사람의 罪를 씻어줄 수 없다.

세상의 즐거움은 괴로움이 되니 어찌 집착하며, 한 번 참는 것이 커다란 즐거움이 되니 어찌 닦지 않겠는가? 도를 닦는 사람이 탐욕을 갖는 것은 수행자의 부끄러움이며, 출가한 사람이 부귀를 누리는 것은 군자가 비웃는 것이다.

부서진 수레는 갈 수 없고, 늙으면 닦을 수가 없다.…빨리 해야 하지 않겠는가, 빨리 해야 하지 않겠는가?

2) 知訥(1158-1210)의 頓悟漸修(定慧雙修)

(1) 시대와 생애

*변란과 불안의 시대(12세기)

    外的 : 정치적 혼란(武臣의 亂)과 불교의 타락

    內的 : 敎宗과 禪宗의 갈등 ←五敎·九山(禪門)

*생애 : 지리산 上無住庵에서의 깨달음(1198, 41세) 이전과 이후

(前)문제에 대한 깊은 인식, 깨달음을 향한 精進
　　　어려서 출가하여(8세 혹은 16세), 25세에 僧選에 합격하였음
　　　개경을 떠나 창평 청원사에서 『六祖壇經』(慧能)을 읽다가 깊
　　　은 종교적 체험을 하였음
　　　28세 때 보문사에서 3년 동안 대장경을 읽다가,
　　　李通玄의 『華嚴論』에서 禪敎가 둘이 아님을 깨닫게 됨

　　世尊說之於口卽爲敎, 祖師傳之於心卽爲禪(華嚴論節要)
　　禪是佛心, 敎是佛語(慧諶, 圓頓成佛論·看話決疑論 跋文)

　　　33세에는 팔공산 거조사로 옮겨 '定慧結社'를 하였음
　　　41세에 『大慧禪師語錄』의 다음과 같은 구절을 읽다가 크게 깨
　　　달음

　　禪은 靜處에도 있지 않고 또한 鬧處에도 있지 않으며,
　　日用應緣處에도 있지 않고 思量分別處에도 있지 않다.
　　하지만 靜處·鬧處, 日用應緣處·思量分別處를 버리고 參究하지
　　도 말아야 한다.
　　忽然하게 눈이 열리면 비로소 屋裡事임을 알게 될 것이다.

(後)正法과 慈悲의 실천
　　　1200년에 '定慧結社'를 전남 순천 송광사로 옮기고,
　　　불교의 개혁을 위하여 지속적인 노력을 하였음(曹溪宗의 창시)

(2) 저술과 사상

*修心訣, 勸修定慧結社文, 誠初心學人文, 眞心直說, 看話決疑論, 華嚴論節要

*修心 : 깨달음(悟)과 닦음(修)의 성격과 체계

依悟而修(先悟後修)
　頓悟(先)-一念廻光, 見自本性 / 卽與諸佛, 分毫不殊
　漸修(後)-雖悟本性與佛無殊, 無始習氣難卒頓除, 故依悟而修
　　定·慧雙修 : 自性定慧 / 隨相定慧
　　　←定(본체)-空寂(昏沈) / 慧(작용)-靈知(散亂)

*'頓悟漸修'란 무엇인가? (修心訣)

〈問〉
汝言頓悟漸修兩門 千聖軌轍也
　(스님께서 돈오와 점수의 두 門이 모든 聖人들이 가신 길이라고
　말씀하셨는데)
悟旣頓悟 何假漸修, 修若漸修 何言頓悟?
　(깨달음이 돈오라면 왜 점차로 닦을 필요가 있으며,
　닦음이 만약 점수라면 왜 돈오를 말씀하십니까?)
頓漸二義 更爲宣說 令絶餘疑
　(돈오와 점수의 뜻을 다시 설명하시어 남은 의심을 풀어주십시오)
　　〈答〉
頓悟者 凡夫迷時 四大爲身 妄想爲心 不知自性是眞法身 不知自己靈知是眞佛
　(돈오란 범부가 미혹했을 때 사대를 몸이라 하고 망상을 마음이라

하여, 자기의 성품이 참 법신인 줄을 모르고 자기의 영지가 참 부
처인 줄을 몰라)

心外覓佛 波波浪走 忽被善知識 指示入路 一念廻光 見自本性

(마음 밖에서 부처를 찾아 물결처럼 여기저기 헤메다가 홀연히 선
지식의 지시로 바른 길에 들어가 한 생각에 빛을 돌이켜 자기의
본래의 성품을 보면)

而此性地 元無煩惱 無漏智性 本自具足 卽與諸佛 分毫不殊. 故云 頓
悟也

(이 성품에는 원래 번뇌가 없고 완전한 지혜의 성품이 본래부터
스스로 갖추어져 있어서 모든 부처님과 조금도 다르지 않다. 그러
므로 돈오라고 한다)

漸修者 雖悟本性 與佛無殊 無始習氣 難卒頓除

(점수란 비록 본래의 성품이 부처와 다름이 없음을 깨달았지만
오랫동안 익혀온 습기를 갑자기 모두 없애기는 어렵다)

故 依悟而修 漸熏功成 長養聖胎 久久成聖 故云 漸修也

(그러므로 깨달음에 의지하여 닦아 점차로 익히어 功이 이루어지
고 오래도록 소질을 길러서 聖人이 된다. 그러므로 점수라고 한다)

比如孩子初生之日 諸根具足 與他無異 然其力未充 頗經歲月 方始成人

(비유하면 어린아이가 처음 태어났을 때에 모든 기관이 갖추어져
있음은 어른과 같지만 그 힘이 충분하지 못하므로 오랜 세월이 지
나야 비로소 어른이 되는 것과 같다)

*강건기, 목우자 지눌연구, 부처님 세상(2001)
　　　　「普照國師」, 한국불교인물사상사(불교신문사 편), 민족사(1995)
*강건기(강의), 마음 닦는 길(修心訣), 불일출판사(1996
　　　　참마음 이야기(眞心直說), 불일출판사(2004)

4. 退溪의 삶과 思想

1) 문제의식과 이론적 구조

退溪의 사람됨과 삶 그리고 思想을 잘 이해하기 위해서는 퇴계의 존재와 인간의 문제에 관한 철학적(根源的) 사유, 도덕적 修養을 넘어선 종교적 修行, 漢詩와 「陶山十二曲」등의 詩作을 통한 예술적 표현의 3부분을 종합적으로 이해할 필요가 있다.

중국의 春秋戰國시대에 孔子(B.C.551-B.C.479)에 의하여 그 씨앗이 뿌려지고, 漢唐을 거쳐 南宋의 朱熹(1130-1200)에 의하여 새롭게 체계화된 儒學(儒敎)은 16세기 朝鮮의 退溪(1501-1570)와 栗谷(1536-1584)에 이르러 꽃피었으며, 지구촌·정보혁명·세계화의 시대를 살고 있는 우리의 삶과 文化와 意識 속에도 지하수처럼 녹아 흐르고 있다.

유학은 기본적으로 주체의 변화(修己·明明德)와 사회적 실천(安人·新民)을 통해서 仁을 실현하고 聖人이 되는 것을 추구하는 사상(仁學·聖學)이라고 할 수 있다.1) 그리고 이런 儒學(儒敎)의 문제는 존재의 근원에 대한 관심과 감사(知天/事天), 주체의 변화와 자유(克己/修己), 관계 속의 어울림과 실천(愛人/愛物) 혹은 "(존재의 근원에)감사하고, (존재자들끼리)서로 사랑하자"라고 요약해볼 수 있지 않을까?

동아시아(East Asia)에서의 新儒學의 전개(역사) 속에서 볼 때, 퇴계의 사상은 朱子學을 기초로 하면서도 한편으로는 주자학의 한계와 문제점에 대한 陽明의 反論을 비판적으로 받아들여 주자학을

---

1) 『論語』 憲問. 子路問君子. 子曰: 修己以敬. 曰: 如斯而已乎? 曰: 修己以安人.
　　曰: 如斯而已乎?曰: 修己以安百姓. 修己而安百姓, 堯舜其猶病諸.
　　『大學』 經1章. 大學之道, 在明明德, 在新民, 在止於至善.

더욱 심화·발전시켰는데, 퇴계는 주자학이 갖기 쉬운 사변적·主知的 성격과 陽明學이 빠지기 쉬운 주관주의와 내면주의를 함께 극복하는 방향에서 그의 사상을 형성해나갔다고 할 수 있을 것이다.

退溪 李滉의 생애는 연산군-선조의 시대에 해당되는데, 이 시대는 한마디로 士禍期[2]라고 할 수 있다. 퇴계는 이러한 시대적·사회적 상황으로부터 직접적으로 혹은 간접적으로 영향을 받았으며, 出處와 進退의 문제에 관하여 많은 고민을 하였다. 그는 어지러운 현실(정치)로부터 한 걸음 물러나서 立德과 立言이라는 차원에서 학문과 저술에 전념하고, 書院의 창설 등을 통하여 참교육을 실천해보려고 하였으며, 自然(山水)과의 交感 속에서 많은 詩作을 통해 깊고 새로운 정신적인 境地를 체험하고 표현하였다. 그의 생애는 크게 3단계로 나누어 볼 수 있다. 첫째 初年期는 그의 출생(연산군 7년, 1501)으로부터 33세(중종 28년, 1533) 때까지로서, 이 시기는 유교경전을 연구하는 데 열중하였던 修學期라고 할 수 있다. 둘째 中年期는 34세(중종29년. 1534)로부터 49세(명종 4년 1549)까지의 시기로서, 과거에 급제하여 벼슬에 나가면서부터 풍기군수를 사직할 때까지의 出仕期 혹은 仕宦期라고 할 수 있다. 셋째 晩年期는 50세(명종 5년, 1550)때부터 70세(선조 3년 1570)까지의 시기인데, 이 시기는 관직은 더욱 높아졌지만 끊임없이 사퇴하면서 고향에 돌아와 연구·강의·저술에 전념하였던 (隱居)講學期라고 할 수 있다.[3]

퇴계는 16세기의 朝鮮의 士禍라고 하는 시대적 비극과 사회적 혼란 속에서 무척 괴로워하고 절망하였으며, 원칙과 기준이 무너지고 방향조차 상실된 상황에서 사회와 역사의 주체로서의 인간의 본성과 善惡의 문제에 관하여 깊이 반성해보지 않을 수 없었다. 그

---

2) 戊午士禍(1498), 甲子士禍(1504), 己卯士禍(1519), 乙巳士禍(1545)
3) 이상은, 『퇴계의 생애와 학문』, 예문서원(1999), 17-18쪽.
   금장태, 『퇴계의 삶과 철학』, 서울대 출판부(1998), 3쪽.

런데 여기서 원칙과 기준 혹은 방향의 문제는 이치(理)와 관계되며,
인간의 본성과 善惡의 문제란 바로 마음(心)과 관계된다고 할 수
있다. 다시 말해서 이러한 문제는 "사회와 역사의 주체로서의 인간
(心)이 어떻게 현실(氣) 속에서 원칙과 기준(理)을 세우고 이상을 실
현할 수 있는가 그리고 어떻게 이성으로서 욕구(欲)와 감정(情)을
잘 조절할 수 있는가?" 하는 문제라고 할 수 있다. 퇴계의 사상적인
체계 속에서는 '理'에 대한 강조(理發·理動·理到)와 '遏人欲·存天理'
를 핵심으로 하는 '心學'이 敬(持敬)의 공부에 의하여 유기적으로
통일되어 있다.

퇴계의 저술은 거의 50세 이후에 이루어 졌는데, 특히 『天命圖說』
(1553)과 『聖學十圖』(1568)는 그의 사상이 어떤 구조로 이루어져 있
는지를 보다 깊게 포괄적으로 이해하기 위해서는 빼놓을 수 없는
자료이다. 퇴계는 『聖學十圖』에서 天道로부터 어떻게 人道가 나오
며 또한 人道에 의해서 어떻게 天道를 회복·실현할 수 있는가 하는
'天人合一'의 문제에 관하여 체계적으로 설명하고 있다.

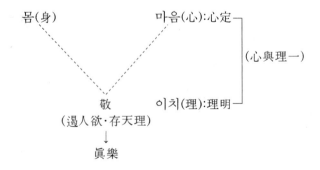

『聖學十圖』는 '存在로부터 人間으로'(本於天道而功在明人倫懋德
業)의 방향과 '人間으로부터 存在로'(原於心性而要在勉日用崇敬畏)
의 방향의 2중적 구조로 이루어져 있는데[4], 이러한 문제는 바로

"어떻게 마음(心)과 이치(理)가 무엇인지를 알아서, 마음(心)과 이치 (理)의 어긋남을 극복하고, 마음(心)과 이치(理)의 일치(心與理一)를 이룰 수 있느냐?"하는 문제라고 할 수 있다. '心與理一'이란 자연과 인간의 조화, 사유와 존재의 일치, 주체와 대상의 합일을 추구하는 것과 관계가 있다. 퇴계는 '心與理一'이 이루어질 때 眞樂을 체험할 수 있다고 하였다.

退溪는 있음(存在)과 사람(人間)에 관하여 根源的으로 사유했던 철학자일 뿐만이 아니라, 순간 속에서 영원을 엿볼 수 있는 감각 혹은 감수성과 보이는 것을 통하여 보이지 않는 것을 표현할 수 있는 놀라운 테크닉을 지닌 詩人이었다. 그런데 퇴계는 詩人的 哲學者일 뿐만이 아니라, 궁극적 실재로서의 '理'에 관한 퇴계의 이해(믿음)와 마음공부로서의 '敬'의 修養(修行)은 종교적[5]이라고 할 수 있다.

---

4) 『增補退溪全書』(1), 성대 대동문화연구원(1997), 204쪽 및 211쪽.
5) 오강남, 세계 종교 둘러보기, 현암사(2003), 29쪽.
오강남은 이 책에서 종교란 "궁극적 실재와의 관계에서 이루어지는 변화의 체험"이라고 하였다.
금장태, 鬼神과 祭祀(유교의 종교적 세계), 제이앤씨(2009).
금장태는 이 책에서 "유교를 현세중심적이고 도덕적인 사상의 체계로만 이해하는 것은 유교의 전체적인 모습을 이해하지 못하게 만드는 장애를 초래한다. 유교는 현세적이고 도덕적인 가치관에 사로잡혀 있는 것이 아니라, 궁극적 세계에 대한 확고한 신념을 지니고 있으며, 그 궁극적 신념에 바탕하여 현세적 도덕적 가치의 체계를 정립하고 있다는 사실에 대해 명확한 인식이 요구된다"(11쪽) 그리고 "유교사상은 언제나 하늘 (天)과 인간(人)을 두 축으로 삼고 있으며, 인간이라는 축이 전면에 나타나지만 그 이면에는 언제나 하늘이라는 또 하나의 축이 뒷받침해주고 있다는 사실을 잊어서는 안된다. 바로 인간과 하늘의 관계를 어떻게 이해하느냐의 문제가 유교사상의 특성을 인식하는 핵심적 과제라 하겠다. 따라서 시대마다 유교사상은 여러 양상으로 차이를 드러내고 있지만, 유교사상사는 하늘과 인간에 대한 이해의 역사라고도 할 수 있다"(12쪽)라고 하여, 유교를 잘 이해하기 위해서는 현실적 합리성과 종교적 초월성을 함께 이해해

(1) 철학적 사유(心과 理)

퇴계는 『聖學十圖』(1568)의 序文에서, 聖學과 心法에 관하여 다음과 같이 말하였다.

> 道는 형상이 없고, 하늘(天)은 말이 없다. … 그런데 道는 넓고 넓으니 어디서부터 탐구하며, 옛 가르침은 천만가지이니 어디로부터 들어가겠는가? 聖學에는 커다란 실마리가 있고 心法에는 지극한 요체가 있는데, 圖說로서 사람들에게 入道之門과 積德之基를 보여주는 것은 또한 부득이해서 지은 것이다.[6]

다시 말하면 道와 天은 形象과 言語를 초월한 것이기 때문에 이해하기 어려우므로, 사람들에게 入道之門과 積德之基를 보여주기 위하여 부득이하게 圖說을 지었다는 것이다.

퇴계는 序文에서 또한 마음(心)과 이치(理), 그리고 敬(持敬)과 즐거움(樂)에 관하여 다음과 같이 요약하여 말하고 있다.

> 무릇 마음(心)은 方寸에 갖추어져 있지만 매우 虛靈한 것이요, 이치(理)는 圖書에 나타나 있지만 매우 顯實한 것입니다. 매우 텅비고 신령한 마음(心)으로 매우 뚜렷하고 알찬 이치(理)를 구한다면 얻지 못함이 없습니다. (중략) 持敬은 또한 思學을 兼하고 動靜을 꿰뚫고 內外를 합하고 顯微를

야 한다고 하였다.
박성배, 「퇴계 사상의 종교적 성격」, 한국사상과 불교, 혜안(2009), 285-297쪽.
박성배는 퇴계 사상의 종교적 성격에 관하여 天理에 대한 믿음과 일상적 삶 속에서의 敬의 修行을 중심으로 이해하면서, 朱熹의 철학적인 '居敬窮理'가 退溪의 종교적인 '信理修敬'으로 깊어졌다고 하였다.

6) 『退溪全書』(1), 195-196쪽. 道無形象, 天無言語. … 然而道之浩浩, 何處下手? 古訓千萬, 何所從入? 聖學有大端, 心法有至要, 揭之以爲圖, 指之以爲說, 以示人入道之門, 積德之基, 斯亦後賢之所不得已而作也.

하나로 하는 방법입니다. (중략) 그 처음에는 오히려 마음대로 안 되고 서로 모순됨이 있는 근심(患)이 없을 수 없고, 또 때로는 지극히 괴롭고 快活하지 않은 病도 있겠지만, 이것은 바로 옛사람이 말한 장차 크게 나아갈 幾微(大進之幾)이며 또한 좋은 소식의 실마리(好消息之端)라고 할 수 있습니다. 절대로 이 때문에 스스로 그만두지 마시고, 더욱 자신감을 가지고 힘써야 할 것입니다. 참을 쌓음이 많고 노력이 오래되면(積眞之多 用力之久) 자연스럽게 마음(心)이 이치(理)와 서로 머금게 되어 자신도 모르는 사이에 融會하여 貫通하게 됩니다. 그리고 익힘(習)과 일(事)이 서로 익숙해져서 점차로 모든 것이 편안하고 자연스럽게 됨을 보게 될 것입니다. 처음엔 일을 한 가지씩만 다스렸지만, 이제는 하나의 근원과 만나게 될 것입니다. 이것은 진실로 孟子가 말한 "道를 깊이 탐구하여 스스로 깨달은" 경지(深造自得之境)이며, "마음 속에서 우러나오면 어찌 그만둘 수 있겠는가?"라는 체험(生則烏可已之驗)입니다. (중략) 畏敬함이 일상생활에서 떠나지 않아 '中和位育之功'을 이룰 수 있고, 德行이 일상의 윤리를 벗어나지 않아 '天人合一之妙'를 여기서 얻게 될 것입니다.[7]

위의 내용은 다시 다음과 같이 요약해볼 수 있다.

虛靈한 마음(心)으로서 顯實한 이치(理)를 탐구하여 인식(이해)할 수 있는데, 이를 위해서는 헤아림(思)과 배움(學)의 공부를 함께

---

7) 『退溪全書』(1),「進聖學十圖箚」, 197-198쪽. 夫心具於方寸而至虛至靈, 理著於圖書而至顯至實, 以至虛至靈之心, 求至顯至實之理, 宜無有不得者. (중략) 持敬者, 又所以兼思學, 貫動靜, 合內外, 一顯微之道也. (중략) 其初猶未免或有掣肘矛盾之患, 亦時有極辛苦不快活之病, 此乃古人所謂將大進之幾亦爲好消息之端. 切毋因此而自沮, 尤當自信而益勵. 至於積眞之多用力之久, 自然心與理相涵而不覺其融會貫通, 習與事相熟而漸見其坦泰安履, 始者各專其一, 今乃克協于一, 此實孟子所論 "深造自得" 之境, "生則烏可已" 之驗. (중략) 畏敬不離乎日用, 中和位育之功可致. 德行不外乎彝論, 而天人合一之妙斯得矣.

해야 하며, 持敬이란 바로 思學을 겸하고 動靜을 꿰뚫으며 內外를 합하고 顯微를 통일하는 방법이라고 할 수 있다. 그런데 이런 공부를 해나가다 보면 뜻대로 잘 되지 않고 모순되는 근심(掣肘矛盾之患)과 힘들고 괴로운 병(辛苦不快之病)에 걸릴 수 있는데, 이러한 것을 '大進之幾'와 '好消息之端'으로 생각하여 절망하지 않고 眞積力久하다보면 자연스럽게 마음(心)과 이치(理)가 하나가 되는(존재의 근원을 만나게 되는) 그런 체험을 하게 되는데, 이런 상태에서 맹자(孟子)가 말했던 것처럼 마음(心) 속 깊은 곳으로부터 즐거움(樂)이 샘물처럼 솟아오르고 자기도 모르게 손과 발이 춤을 추게 되며(不知手之舞之足之蹈之), 이러한 경지는 '中和位育之功'이 이루어지고 '天人合一之妙'를 얻게 되는 경지라고 할 수 있다. 이러한 경지는 敬의 공부에 의하여 마음(心)과 이치(理)의 일치(心與理一)가 이루어 질 때 참된 즐거움(眞樂)을 체험하게 되는, 다시 말해서 진리가 무엇인지를 알아서 진리에 따라서 살 때 가장 자유롭고 행복한 그러한 경지라고 할 수 있을 것이다.

퇴계는 학문에 있어서 이치(理)를 탐구하고 인식(이해)하는 것의 중요성과 어려움에 대하여 다음과 같이 말하고 있다.

> 옛 사람이나 지금 사람들의 學問과 道術이 어긋난 이유를 깊이 생각해보면 다만 '理'字를 알기 어렵기 때문이었을 뿐이다. '理' 字를 알기 어렵다고 한 것은 대략 알기가 어렵다고 한 것이 아니라, 참으로 알고 신묘하게 이해하여(眞知妙解) 궁극에까지 이르기가 어렵다는 것이다.[8]

퇴계는 "道는 넓고 넓은 데 배우는 사람이 그 門을 얻어 들어가

---

8) 『退溪全書』(1), 答奇明彦·別紙, 424쪽. 蓋嘗深思古今人學問道術之所以差者只爲理字難知故耳, 所謂理字難知者非略知之爲難, 眞知妙解到十分處爲難耳.

기가 어렵다. 程子·朱子가 일어나 居敬과 窮理의 두 말로서 萬世를
위하여 커다란 가르침을 세웠다."⁹⁾라고 하면서, 居敬窮理와 眞知에
관하여 다음과 같이 구체적으로 말하였다.

　窮理하여 실천을 통하여 체험해야 비로소 眞知가 되고, 主敬하여 마음이
　흐트러지지 않아야 바야흐로 實得이 있게 된다.¹⁰⁾

　主敬하여 그 근본을 세우고, 窮理하여 그 지식을 이루며, 스스로를 돌아
　보고 실천한다. 이 세 가지의 공부가 함께 나아가고 쌓기를 오래하여 眞
　知에 이른다.¹¹⁾

　그렇다면 이렇게 '眞知妙解'한 이치(理)의 성격과 내용은 구체적
으로 어떤 것인가? 퇴계는 이치(理)란 "마음(心)이 스스로 깨닫는 妙
한 것이어서 言語로써 形容할 수 없는 것인데, 어찌 이것에 관하여
是非를 다투겠습니까?"¹²⁾라고 하면서, 이런 이치(理)는 다음과 같이
궁극적 실재성·운동성(작용성)·주재성을 지니고 있다고 하였다.

　만약 뭇 이치를 궁구하여 투철하게 이 物事를 깨달을 수 있으면, 物事는
　지극히 虛하면서도 지극히 實하고, 지극한 無이면서도 지극한 有이며, 動
　하면서도 動이 없고, 靜하면서도 靜이 없으며, 淨潔한 것으로서 털끝만큼

<hr>

9) 『退溪全書』(1), 與朴澤之, 334쪽. 道之浩浩學者難得其門而入, 程朱之興以
　居敬窮理兩言爲萬世立大訓.
10) 『退溪全書』(1), 與李叔獻, 370쪽.
11) 『退溪全書』(2), 答李宏仲, 129쪽. 主敬以立其本, 窮理以致其知, 反窮而踐其
　實. 三者之功互進積久而至於眞知.
12) 『退溪全書』(2), 答鄭子中·別紙, 11-12쪽. 蓋自其眞實無妄而言則天下莫實於
　理, 自其無聲無臭而言則天下莫虛於理. 只無極而太極一句可見矣. … 此則
　見理極精後心所自得之妙非言語所能形容處, 又安能與之爭是非耶

도 보탤 수도 없고 털끝만큼도 덜어낼 수 없으며, 陰陽五行과 萬物萬事의
근본이 되지만 음양오행과 만물만사의 가운데 얽매이지 않으니, 어찌 氣
와 섞임이 있어 一體로 인식하여 一物로 볼 수 있겠습니까.13)

　이치(理)는 氣와 구별되며 '至虛而至實 至無而至有' '動而無動 靜
而無靜'한 것으로, 우주만물의 근원이 되는 것이다.
　또한 퇴계는 이치(理)의 운동성(작용성)과 主宰性에 관하여 다음
과 같이 보다 구체적으로 설명하고 있다.

　태극의 動靜이 있는 것은 태극이 스스로 動靜하는 것이며 天命이 流行하
는 것은 천명이 스스로 유행하는 것이니, 어찌 다시 그렇게 시키는 것이
있겠습니까? 다만 無極과 陰陽五行이 妙合하여 엉기고 萬物을 化生하는
곳에 나아가 본다면, 마치 主宰하고 渾用하여 그것을 이와 같이 하게 하
는 것이 있는 것 같으니, 그것은 『尙書』에서 말한 "上帝께서 衷心을 아래
백성에게 내리시다." 라고 한 것이나 程子가 말한 "主宰하는 것을 帝라
한다."고 한 것이 이것이다. 대개 理와 氣가 합하여 사물을 命令하니 그
神妙한 작용이 스스로 이와 같을 따름이지, 天命이 流行하는 곳에 또한
그렇게 시키는 것이 따로 있다고 말할 수는 없는 것이다. 이 이치(理)는
지극히 높고 상대가 없으니, 사물에 命令을 내릴 뿐 사물로부터 命令을
받지 않기 때문이다.14)

---

13) 『退溪全書』(1), 答奇明彦·別紙, 424쪽. 若能窮究衆理到得十分 透徹洞見得
此箇物事, 至虛而至實 至無而至有 動而無動 靜而無靜, 潔潔淨淨地 一毫
添不得 一毫減不得, 能爲陰陽五行萬物萬事之本 而不囿於陰陽五行萬物
萬事之中, 安有雜氣而認爲一體看作一物耶?
14) 『退溪全書』(1), 答李達李天幾, 354쪽. 太極之有動靜太極自動靜也, 天命之
流行天命之自流行也, 豈復有使之者歟? 但就無極二五妙合而凝化生萬物
處看, 若有主宰運用而使其如此者, 卽書所謂惟皇上帝降衷于下民程子所謂
以主宰謂之帝是也. 蓋理氣合而命物其神用自如此耳, 不可謂天命流行處亦

　　퇴계에게 있어서 理(太極)는 궁극적 실재(至虛而至實 至無而至
有)이며 우주만물을 주재하는(命物而不命於物) '極尊無對'한 것으로
서, 퇴계는 朱熹와 달리 이치(理)의 운동성 혹은 작용성(發·動·到)을
주장하였고 이를 體用의 論理(本然之體/至神之用)로 정당화하였다.
　　退溪와 高峰(1527-1572)은 약 8년 동안(1559-1566) 편지를 통하여
인간의 본성의 문제, 보다 구체적으로는 감정(情)과 善惡의 문제에
관하여 철학적인 논쟁을 하였는데, 이런 논쟁을 통하여 드러난 퇴
계와 고봉의 견해는 다음과 같이 요약해볼 수 있다.

　가. 高峰 : 四端과 七情을 부분과 전체의 관계로 이해함
　　　　　　(理氣共發·七包四/渾淪)
　　　　*情之發也, 或理動而氣俱, 或氣感而理乘.
　나. 退溪 : 四端과 七情을 질적 차이가 있는 감정으로 이해함
　　　　　　(理氣互發·七對四/分開)

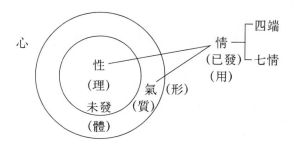

　四端(도덕적 감정)-내적 근원(天命之謂性/性卽理/本然之性)으로
　　　부터 우러나오는, 純善한 능동적 감정으로서 잘 擴充해야
　　　한다. (理發而氣隨之/主理)

　　別有使之者也. 此理極尊無對命物而不命於物故也.

七情(일반적 감정)-몸(形氣/氣質之性)과 외적 사물(外物)과의 관계 속에서 어떤 자극에 대한 반응으로서 일어나는, 善할 수도 惡할 수도 있는 수동적 감정으로서 잘 Control해야 한다. (氣發而理乘之/主氣)

이훈구는 정서심리학의 세가지 이론과 그 대표적 학자들, 곧 표현이론(정서는 적응적 기능을 갖거나 유전됨/다윈, 에크먼)과 인지이론(정서는 인지적 판단을 토대로 함/에버릴, 라자누스) 및 생리이론(정서는 신체적 반응과 뇌 및 생화학적 변화로 나타남/제임스-랑게, 레빈슨)을 소개하면서, 인간의 감정을 6가지(생존 및 발달 관련 감정, 성취 관련 감정, 도덕 관련 감정, 성격 관련 감정, 사회문화 관련 감정)로 분류하고 있는데[15], 七情은 생존 및 발달 관련 감정이라고 한다면 四端은 도덕 관련 감정이라고 할 수 있다.

(2) 종교적 수행(敬)

퇴계는 『聖學十圖』의 제6「心統性情圖說」에서 마음(心)과 敬에 관하여 다음과 같이 구체적으로 설명하고 있다.

요약하건대 理氣를 겸하고 性情을 통섭하는 것은 마음(心)이며, 性이 發해서 情이 될 때가 곧 한 마음(心)의 幾微이며, 온갖 변화가 일어나는 중요한 곳이고, 善惡이 나뉘는 곳이다. 배우는 사람이 진실로 持敬에 專一하여 天理와 人欲의 구분에 어둡지 않고 이에 더욱 삼가하여, 未發에는 存養의 功이 깊어지고 已發에는 省察의 습관이 익숙해져서 진리가 쌓이고 힘쓰기를 오래도록 하여 그치지 않으면, '精一執中'의 聖學과 '存體應用'의 心法이 모두 밖에서 찾을 필요 없이 여기에서 얻어질 수 있을 것이다.[16]

---

15) 이훈구, 감정심리학, 이너북스(2010), 42쪽 및 44쪽.

위의 인용문에 나타난 퇴계의 견해를 다시 정리해 보면, 마음
(心)이란 理氣를 겸하고 性情을 통섭(兼理氣·統性情)하는 것으로
서 보편적(초월적)이면서도 개체적(현실적)인 이중적인 성격을 지
니고 있는 것이며, 持敬에 의하여 未發에는 存養의 功이 깊어지고
已發에는 성찰의 습관이 익숙해짐으로서, 精一執中의 聖學과 存體
應用의 心法을 얻을 수 있게 된다는 것이다. 퇴계의 四端七情에 관
한 논의도 결국 이런 마음(心)과 敬의 문제와의 연관 속에서 이해
해야 한다.[17]

```
                    ┌ 未發(靜·體)-存養(存天理)-中 ┐
 *心(兼理氣·統性情)│                              │敬(持敬)-聖學(心法)
                    └ 已發(動·用)-省察(遏人欲)-和 ┘
```

퇴계는 『聖學十圖』의 제9「敬齋箴圖」와 제10「夙興夜寐箴圖」에서
敬(持敬)을 실천하는 구체적인 방법에 관하여 설명하고 있다. 그리
고「敬齋箴圖」와「夙興夜寐箴圖」를 비교하여,「敬齋箴圖」에서는 상
황(地頭)에 따른 공부의 방법(動靜弗違/表裏交正)을 말하고「夙興夜
寐箴圖」에서는 시간(時分)에 따른 공부의 방법을 말하고 있는데, 이
치(理)는 언제 어느 곳에나 없지 않으니, 一動一靜·隨處隨時에서 存
養과 省察의 공부를 지속해나가면 聖人이 될 수 있다고 하였다.[18]

---

16) 『退溪全書』(1), 『聖學十圖』 제6 「心統性情圖說」, 205-206쪽. 要之兼理氣統
　　性情者心也, 而 性發爲情之際, 乃一心之幾微, 萬化之樞要, 善惡之所由分
　　也. 學者誠能一於持敬, 不昧理欲而大致勤於 此, 未發而存養之功深, 已發
　　而省察之習熟. 眞積力久而不已焉, 則所謂精一執中之聖學存體應用之心
　　法, 皆可不待外求而得之於此矣.
17) 『退溪全書』(1), 『聖學十圖』 제6 「心統性情圖說」, 205쪽. 四端之情, 理發而
　　氣隨之, 自純善無惡, 必理發未遂而掩於氣, 然後流爲不善. 七者之情, 氣發
　　而理乘之, 亦無有不善, 若氣發不中而滅其理, 則放而爲惡也.

이런 퇴계의 敬은 그 철저성에 있어서 뿐만이 아니라, 존재의 근원을 만나고 하나가 되는 체험(潛心以居, 對越上帝)과 관련된다는 의미에서, 도덕적 수양으로만 끝나는 것이 아니라 종교적 수행이라고 까지 말할 수도 있을 것이다.

(3) 예술적 표현(詩와 詩作)

공자는 "興於詩, 立於禮, 成於樂"(論語, 泰伯)이라고 하면서 도덕과 함께 예술(詩와 음악)을 중요시하였으며, 朱熹는 기본적으로 이런 孔子의 견해를 따르면서 道와 文의 문제에 있어서 周濂溪의 '文以載道'의 說을 따른다.

周濂溪는 이렇게 말하였다.

> 文은 道를 싣는 것이다. (수레의) 바퀴와 끌채가 꾸며져도 사람이 쓰지 않으면 한갓 장식에 불과하니, 하물며 빈 수레이랴? 文辭는 藝요, 道德은 實이다. (중략) 道德에 힘 쓸 줄을 모르고 다만 文辭만을 일삼는 것은 藝일 뿐이다. 슬프구나, 폐단이 오래되었다.[19]

이에 대하여 朱熹는 다음과 같이 註를 달았다.

> 文이 道를 싣는 것은 마치 수레가 물건을 싣는 것과 같다. 그러므로 수레

---

18) 『退溪全書』(1), 『聖學十圖』제10「夙興夜寐箴圖」, 210-211쪽. 蓋敬齋箴有許多用工地頭, 故隨其地頭而排列爲圖. 此箴有許多用工時分, 故隨其時分而排列爲圖. 夫道之流行於日用之間, 無所適而不在, 故無一席無理之地, 何地而可輟工夫? 無頃刻之或停, 故無一息無理之時, 何時而不用工夫? (중략) 此一靜一動, 隨處隨時, 存養省察交致其功之法也. 果能如是, 則不遺地頭而無毫釐之差, 不失時分而無須臾之間. 二者並進, 作聖之要其在斯乎.

19) 『周敦頤集』, 「通書」·文辭. 文所以載道也. 輪轅飾而人不用, 徒飾也, 況虛車乎? 文辭藝也, 道德實也. (중략) 不知務道德, 而第以文辭爲能者, 藝焉而已. 噫, 弊也久矣.

를 만드는 사람은 반드시 그 바퀴와 끌채를 꾸미고, 글을 짓는 사람은 반드시 그 文辭를 잘 해야만 모두 사람들이 이를 사랑하여 쓰려고 한다. 하지만 내가 그것을 꾸며 놓아도 사람이 쓰지 않으면, 오히려 헛된 장식이 되어 실제적인 것에 무익하게 된다. 하물며 물건을 싣지 않은 수레나 道를 싣지 않은 文은 비록 아름답게 꾸며졌다 할지라도 무슨 쓸모가 있겠는가?[20]

위의 내용을 다시 분석해 보면 周濂溪와 朱熹에 있어서의 道(道德)는 實이며 本이고, 文(文辭)은 藝이며 末이라고 할 수 있다. 하지만 이것은 道만을 강조하고 文을 부정하는 것이 아니라, 實과 本으로서의 道를 소홀히 하고 藝와 末로서의 文에만 힘쓰는 것을 비판하는 것이다. 그리고 文이 道를 싣는 수레와 같은 것이긴 하지만, 그 道를 제대로 이해하고 표현하기 위해서도 文은 필요한 것이다. "道를 싣는 文을 아름답게 꾸며야 사람들에게 사랑을 받을 수 있다"고 한 것은 문장만을 잘 꾸미라는 것이 아니라, 道를 잘 표현하고 전달하는 문장의 진실성과 아름다움을 사람들이 아낀다는 것을 말한 것이다. 이러한 견해는 道德과 文學을 함께 중요시하는 '道文幷進'의 文學觀이라고 할 수 있다.[21]

퇴계는 자연과 인간이 조화를 이루고(情景合一) 도덕적 수양(敬)과 심미적 체험(樂)이 통일되는(善과 美의 통일) 그런 경지를, 때로는 이론적(개념적) 언어로 그리고 때로는 詩的인 언어로 표현하였다. 퇴계는 敬과 '遏人欲存天理'를 그 내용으로 하는 도덕적 수양을

---

20) 文所以載道者, 猶車所以載物. 故爲車者必飾其輪轅, 爲文者必善其辭說, 皆欲人之愛而用之. 然我飾之而人不用, 則猶爲虛飾而無益於實. 況不載物之車, 不載道之文, 雖美其飾亦何爲乎?

21) 이가원, 「儒家思想과 韓國文學」, 『韓國思想大系』Ⅰ, 성대 대동문화연구원 (1973), 541쪽.

매우 중요시하였지만 순수한 情感의 자연스러운 표현까지도 억압
하고 무시하면서 항상 엄숙함과 긴장감에 사로잡혀 있었던 메마른
道學者가 아니었으며, 孔子와 顔淵이 즐긴 것(孔顔樂處)과 自然과
의 交感 속에서 느끼는 즐거움(山水之樂) 및 存在의 根源과의 만남
(心與理一)을 통하여 느끼는 궁극적 즐거움(眞樂)을 많은 詩作을 통
하여 표현하였다.

退溪는 孔子와 朱熹의 文學觀(文以載道)을 바탕으로 하면서, 詩
가 學者에게 가장 절실한 것은 아니라고 하면서도 詩에 많은 노력
을 기울였으며, 아름다운 경치를 보았을 때 일어나는 순수한 情感
의 자연스런 표현으로서의 詩는 없을 수 없다고 하였다. 퇴계는 젊
은 날에는 오히려 詩人的인 성격이 강했으며 나이가 들어가면서
철학적인 사유가 깊어지게 되었다. 하지만 젊은 날의 詩에서도 이
미 그의 철학적 사유의 싹을 엿볼 수 있으며 또한 중년 이후에는
깊은 철학적 (종교적) 사유를 많은 詩로서 표현하기도 하였는데, 그
의 사상적인 체계 속에서는 이러한 詩와 철학이 하나로 어우러져
서 독자적이고 새로운 경지를 드러내주고 있다.

퇴계는 "詩不誤人人自誤, 興來情適已難禁"[22]이라고 하면서 순수
한 情感의 자연스런 표현으로서의 詩를 적극적으로 긍정하였으며,
시에 의하여 가슴 속의 여러 가지 감정을 풀어낼 수 있을 뿐만이
아니라 이론적인 언어로는 설명할 수 없는 느낌 혹은 체험을 표현
할 수 있다고 하였다.[23] 또한 퇴계는 "得意題詩筆有神"[24]이라고 하

---

22) 『退溪全書』(1), 內集, 「吟詩」, 108쪽.
23) 『退溪全書』(2), 別集, 「春川向揚口」, 506쪽. 邇來自覺溪山助/ 詩骨巉巉必
洒泉
『退溪全書』(3), 外集, 「復用前韻」, 36쪽. 莫笑文章爲小技/ 胸中妙處狀來眞
『退溪全書』(2), 別集, 「次韻答松岡」, 531쪽. 萬斛愁情誰解得/ 閒中陶寫只
憑詩
24) 위와 같음, 「賞花」, 109쪽.

여 詩想(Inspiration)이 떠오르면 누군가가 불러주는 것을 받아쓰는 것처럼 자기도 모르는 사이에 詩가 쓰여진다고 하였다.

퇴계는 65세(1565) 때 쓴「陶山十二曲」이라는 國文詩歌에서 다음과 같이 노래하였다.[25]

> 춘풍(春風)에 화만산(花滿山)하고 추야(秋夜)에 월만대(月滿臺)라
> 사시 가흥(四時佳興)이 사람과 한가지라
> 하물며 어약연비(魚躍鳶飛) 운영천광(雲影天光)이야 어늬 끝이 있을고(言志·6)

> 천운대(天雲臺) 도라드러 완락재(玩樂齋) 소쇄(蕭灑)한데
> 만권(萬卷) 생애(生涯)로 악사(樂事)ㅣ 무궁(無窮)하얘라
> 이 중에 왕래풍류(往來風流)를 닐어 므슴할고(言學·1)

위의 詩에서는 自然(山水)과의 交感 속에서 학문하는 즐거움과 멋(風流)을 노래하고 있다.

> 뇌정(雷霆)이 파산(破山)하야도 농자(聾者)는 못 듣나니
> 백일(白日)이 중천(中天)하야도 고자(瞽者)는 못 보나니
> 우리는 이목 총명(耳目聰明) 남자(男子)로 농고(聾瞽)같지 마로리(言學·2)

> 우부(愚夫)도 알며 하거니 그 아니 쉬운가
> 성인(聖人)도 못다 하시니 그 아니 어려운가
> 쉽거나 어렵거낫 듕에 늙는 줄을 몰래라(言學·6)

一番花發一番新/ 次弟天將慰我貧/ 造化無心還露面/ 乾坤不語自含春/ 澆愁喚酒禽相勸/ 得意題詩筆有神

25)『退溪全書』(5), 4-10쪽.

　지속적인 수양과 훈련을 통하여 마음(영혼)의 눈과 귀가 열려서 보이지 않던 것이 보이게 되고 들리지 않던 것이 들리게 될 때 얼마나 기쁘겠는가? 그리고 진리가 무엇인지를 알고 진리에 따라서 사는 것이 쉽기만 하거나 어렵기만 한 것이 아니라, 쉬운 것 같으면서도 어렵고 어려운 것 같으면서도 쉽기 때문에, 人生이 즐거운 가운데 괴로움이 있고(樂中有憂) 괴로운 가운데 즐거울(憂中有樂) 수 있는 것이 아닐까?

2) 마음공부(敬)와 즐거움(樂)의 문제

(1) 退溪의 心學과 心法

　퇴계는 朱子學에 대한 정확한 이해를 바탕으로 朱熹의 '理의 철학'을 심화·발전시켰을 뿐만이 아니라, 敬(持敬)에 의한 마음(心)의 주체성의 확립과 도덕적 실천을 강조하는 '心學'을 매우 중요시하였다. 그리고 이 두 가지 측면은 그의 사상적인 체계 속에서 매우 유기적으로 통일되어 있다. 退溪의 心學에 대하여 友枝龍太郎, 안병주·이동희·유명종, 王甦·高令印·陳來·蒙培元은 퇴계가 朱子學의 主體的·心學的 측면을 중시하였다고 보면서, 퇴계의 철학을 '心卽理'를 주장하는 陽明學과 다른 朱子學的 心學(居敬의 心學, 治心之學, '心與理一'의 心學)이라고 하였다. 또한 高橋進은 퇴계의 사상을 '敬의 철학'이라고 하였으며, 이광호는 '道의 眞知와 實踐'이라는 관점에서 퇴계의 사상을 이해하였고, 김기현은 퇴계의 학문은 '사람됨의 완성을 지향하는 실천적 인간학'이라고 하였다.[26]

---

26) 友枝龍太郎은 「한국에 있어서의 朱子學의 수용과정」(1980)이라는 論文에서 詩, 「心經後論」, 「朱子書節要序」, 『延平答問』의 後語와 跋 등을 중심으로 하여 퇴계의 사상이 형성되는 과정을 분석하면서, 퇴계는 朱子學을 수용할 때 주자학의 主體的·心學的 측면을 중시하였으며, 퇴계는 王陽明

과는 다른 朱子學的 心學을 형성하였다고 보았다. 또한 그는『李退溪-
その生涯と思想』(1985)이라는 책에서 퇴계의 생애와 사상을 종합적으로
다루고 있다. 안병주는 「退溪의 學問觀-心經後論을 중심으로」(1987)라
는 논문에서 퇴계의 學問觀에 관하여 心學的 특성과 '理의 철학'의 철저
화라는 두 부분으로 나누어 논의하면서, 퇴계는 '心卽理'와 '知行合一'을
주장하는 陽明의 心學(心의 철학)을 비판하면서도 '遏人欲存天理'를 핵심
으로 하는 心學을 매우 중요시하였다고 보면서, 이러한 '遏人欲存天理'에
의하여 그의 '理의 철학'과 心學은 유기적으로 연결되고 있다고 하였다.
이동희는 「退溪學의 心學的 특성과 理의 의미」(1993)라는 논문에서 기본
적으로 友枝龍太郎과 안병주의 입장을 따르면서 퇴계의 사상을 居敬의
心學(朱子學的 心學)으로 파악하고, 이러한 퇴계의 心學은 主理論的 입
장과 깊은 관계가 있다고 하면서, 그의 主理論的 입장을 理動說(理氣論)·
理發說(四七論)·理到說(格物說) 등으로 나누어 다루고 있다. 그리고 퇴계
의 理에 대한 강조는 윤리적 차원을 넘어 종교적 차원으로까지 나아가고
있다고 본다. 유명종은『퇴계의 일생과 철학체계』(2000)라는 책에서 퇴계
의 삶과 철학을 체계적으로 다루면서, '心卽理'를 주장하는 王陽明의 心
學은 객관을 주관화하는 '本心學'이지만 퇴계의 心學은 주관(心)과 객관
(理)을 구별하면서도 통일하는 '心與理一'의 心學이라고 하였다. 그리고
이와 함께 持敬의 방법론으로서의 靜坐와 이를 통하여 이르는 洒落의 氣
象에 관하여도 언급하고 있다. 王甦는『退溪詩學』(1981)이라는 책에서 퇴
계의 詩論 및 퇴계의 漢詩의 형식과 내용에 관하여 다루면서 理語詩와
理趣詩 등으로 나누어 설명하고 있고,『退溪學論集』(民國81년)이라는 책
에서는 퇴계의 사상의 핵심을 心學으로 파악하면서 文學觀·詩學 및 詩
와의 연관성 등을 논의하고 있다. 高令印은 「李退溪的心理學和眞西山的
《心經》」(1987), 「李退溪와 東方文化」(1992)라는 논문에서 퇴계의 철학에서
는 마음(心)에 관한 학설이 매우 중요한 의미를 갖고 있다고 하면서,『心
經』에 관한 연구를 통하여 형성된 퇴계의 心學은 인식론과 도덕수양론
으로서의 '治心之學'이며, 陸王學派의 心學은 마음(心)을 우주만물의 근
원으로 보는 本體論이라고 구별하였다. 陳來는『宋明理學』(1991)이라는
책의「제5장 明代中後期의 理學」이라는 부분에서 퇴계의 사상에 관하여
서술하면서, 퇴계는 '心性修養之學'으로서의 心學을 매우 중요시하였으
며 理의 體用의 논리를 바탕으로 理의 운동성(發·動·到)을 긍정하였다고
하면서, 퇴계는 朱熹의 철학을 깊이 이해하고 모순을 심각하게 인식하였

　　퇴계는 朱子學을 기초로 하면서도 주희와 달리 이치(理)의 운동
성·작용성(發·動·到)을 주장하였고 이를 體用의 논리(本然之體·至
神妙之用)로 정당화하였으며, 또한 감정(情)의 문제(四端七情論)에
관하여 보다 구체적으로 논의하였다.27) 한편으로 退溪는 陽明學에

─────────────

　　으며 이를 해결하는 적극적인 방법을 제시하였다고 평가하였다. 蒙培元
　　은「退溪의 心의 境地說과 그 현대적 의의」(1995)라는 논문에서 퇴계의 정
　　신은 개념의 해석이나 논리에 있는 것이 아니라 마음(心)의 경지(心靈境
　　界)에 있으며, 퇴계가 『心經』을 중시한 것은 마음(心)의 문제의 중요성을
　　드러내고 마음의 문제는 초월과 境界의 문제임을 밝히려는데 있었다고
　　본다. 그리고 마음의 문제를 연구할 때는 情感의 요소(四端七情)를 소홀
　　히 해서는 안되며 퇴계의 철학을 연구할 때는 詩·文·圖·注·錄을 모두 중
　　시해야 한다고 하면서, 퇴계는 마음(心)의 무한한 가능성과 창조성을 긍
　　정하여 新儒家의 境地說을 발전시켰고 自我修養의 필요성과 가능성을
　　제시하였다고 평가하였다. 그리고 『心靈超越與境界』(1998)라는 책에서는
　　유학에서의 '樂'의 문제(仁者之樂·中和之樂)와 朱熹의 '心與理一'說 등을
　　다루면서, 「心靈的善與美」라는 부분에서 퇴계의 마음(心)에 관한 학설과
　　山林之樂 등에 관하여 다루고 있다.
　　高橋進은 『李退溪와 敬의 哲學』(1985)이라는 책에서 『聖學十圖』를 중심
　　으로 하여 퇴계의 사 상을 '敬의 哲學'이라고 규정하면서, '敬의 哲學'으
　　로서의 체계성을 밝히고 있다. 그리고 퇴계를 新 儒學의 再集大成者로
　　평가한다. 이광호는「退溪哲學에 있어서 道의 認識과 實踐」(1992)이라는
　　논문에서 퇴계는 道의 인식과 실천을 통하여 天人合一의 경지에 이르는
　　것을 자신의 문제로 삼았으며, 따라서 그의 체험적 삶을 통하여 그의 사
　　상과 학문을 이해할 필요가 있다고 하면서, 퇴계의 사상은 자신의 마음
　　(心)에 바탕하여 존재(理)의 뿌리를 체득(체인)하고 존재의 뿌리에 바탕
　　하여 삶을 살고 다시 모든 존재에 관하여 눈을 뜨기 시작하는 살아있는
　　학문이라고 하였다. 김기현은 「主理說의 확립과 도덕적 인간학」이라는
　　논문에서 퇴계의 학문을 '사람됨의 완성을 지향하는 실천적 인간학'이
　　라고 하면서, 이러한 퇴계의 학문을 연구하기 위한 새로운 접근방법의
　　필요성을 강조하고 있다.
27) 陳來, 『宋明理學』, 「제5장 明代中後期的理學」, 遼寧教育出版社(1991), 328-
　　343쪽.

서 마음(心)의 주체성을 강조하는 것을 인정하면서도 마음(心)을 우
주의 본체로까지 보는 '心卽理'의 입장은 철저하게 비판하였다. 퇴
계는 마음(心)과 이치(理)를 구별하면서도 이것의 일치(心與理一)를
추구하였는데, 이러한 '心與理一'을 이루는 방법이 敬(持敬)이며, 이
러한 '心與理一'의 상태에서 참된 즐거움(眞樂)을 체험할 수 있는
것이다. 가치(善)의 근원으로서의 이치(理)의 운동성과 작용성에 관
한 퇴계의 주장은 결국 敬(存養省察)에 의한 도덕적 주체성과 자율
성의 확립을 강조하는 그의 학문의 성격 및 목적과 깊은 관계를 지
니고 있는 것이라고 할 수 있다. 퇴계는 朱子學이 갖기 쉬운 사변
적·主知的 성격과 陽明學이 빠지기 쉬운 주관주의와 내면주의를
모두 극복하는 방향에서 그의 사상을 형성해나갔다고 할 수 있을
것이다.

　퇴계는 23살 때 『心經』이라는 책을 읽게 되었는데, 그의 학문과
사상이 心學的인 성격을 갖게 된 것은 이 책의 영향이 가장 크다고
할 수 있다. 퇴계는 『心經』에 관하여 다음과 같이 말하였다.

　　나는 『心經』을 얻은 이후로 비로소 心學의 淵源과 心法의 精微함을 알게
　　되었다. 그러므로 나는 평생토록 이 책을 神明과 같이 믿고 嚴父와 같이
　　받들었다.[28]

　『心經』이란 西山 眞德秀(1178-1235)가 유가의 心學과 心法에 관한
내용들을 추려서 엮은 것으로서, 퇴계는 젊었을 때 이 책을 얻어

　　이동희,「退溪學의 心學的 특성과 理의 의미」,『現代와 宗教』제16호(1993).
　　이 논문에서는 이러한 문제에 관하여 理動說(理氣論)·理發說(四七論)·理
　　到說(格物說)로 설명하고 있다.
28) 『退溪全書』(4),「言行錄」·學問, 169쪽. 吾得『心經』而後, 始知心學之淵源
　　心法之精微. 故吾平生信此書如神明敬此書如嚴父.

본 이후로 평생토록 중요하게 생각하였으며 많은 영향을 받았다고 하였다. 高令印은 程敏政의『心經附註』는 중국에서는 明나라와 그 이후의 학자들에 의하여 중시되지 않았는데, 퇴계는 이 책을 통하여 주자학에서의 心學을 계승하고 발전시켜 자신의 체계를 세웠다고 하였다.[29]

퇴계의 사상은 기본적으로 '天人合一'의 구조로 이루어져 있으며,『天命圖說』과『聖學十圖』에서는 바로 天道로부터 어떻게 人道가 나오며 또한 人道에 의해서 어떻게 天道를 회복·실현할 수 있는가 하는 것에 관하여 보다 체계적으로 설명하고 있다. 이런 내용으로 이루어진『聖學十圖』는 바로 敬의 哲學의 체계화라고 할 수 있다.[30]

퇴계는『聖學十圖』의 序文에서 마음(心)과 이치(理), 그리고 敬(持敬)에 관하여 구체적으로 말하였는데, 그 내용을 요약해 보면 다음과 같다.[31] 虛靈한 마음(心)으로 顯實한 이치(理)를 인식(이해)할 수 있는데, 이를 위해서는 思學을 겸하고 動靜을 꿰뚫으며 內外를 합하고 顯微를 통일하는 방법으로서의 持敬의 공부가 필요하며, 이런 공부를 통하여 眞積力久 하다보면 자연스럽게 마음(心)과 이치(理)가 일치(心與理一)될 수 있는데, 이런 경지에서 마음(心) 속 깊은 곳으로부터 솟아오르는 기쁨 혹은 즐거움을 체험하게 된다는 것이다. 이런 마음(心)과 이치(理)의 일치(心與理一)가 어떤 근거에서, 그리고 어떻게 가능한가에 관하여『聖學十圖』에서는 체계적으로 해명하고 있다.

10圖 가운데 제6「心統性情圖說」은 그의 思想을 이해하는 데 있

---

29) 高令印,「이퇴계와 동방문화」(1),『퇴계학보』72집(1991), 89쪽.
30)『退溪全書』(1), 208쪽. 心者一身之主宰, 而敬又一心之主宰也.
　　『退溪全書』(1), 203쪽. 敬者一心之主宰, 而萬事之本根也.
　　『退溪全書』(1), 203쪽. 今玆十圖皆以敬爲主焉.
　　『退溪全書』(1), 210쪽. 敬爲聖學之始終.
31)『退溪全書』(1),「進聖學十圖箚」, 195-197쪽.

어 매우 중요한 데, 마음(心)이란 理氣를 겸하고 性情을 통섭(兼理
氣·統性情)하는 것으로서 보편적(초월적)이면서도 개체적(현실적)
인 이중적인 성격을 지니고 있는 것이며, 持敬에 의하여 未發에는
存養의 功이 깊어지고 已發에는 성찰의 습관이 익숙해짐으로서, 精
一執中의 聖學과 存體應用의 心法을 얻을 수 있게 된다는 것이다.

(2) 마음공부(敬)의 내용과 방법

그렇다면 敬이란 무엇이며, 敬을 실천하는 구체적인 방법은 어
떤 것인가?

가. '心氣之患'과 敬

퇴계는 南時甫에게 주는 편지에서 그가 학문을 함에 있어 너무
幽深玄妙한 것을 추구하거나 强探助長하는 잘못이 있다고 하면서,
'心氣之患'의 원인에 관하여 다음과 같이 분석하여 말하였다.

> 心氣之患'은 바로 이치(理)를 살핌이 철저하지 못하여 쓸데없이 억지로
> 찾으려 하며, 마음(心)을 다스리는 방법에 어두워 싹을 뽑아 올리는 것처
> 럼 助長하였기 때문에, 자기도 모르는 사이에 마음을 괴롭히고 정력을 소
> 모하여 이에 이르게 된 것이니, 이것은 또한 처음으로 학문을 하는 사람
> 들의 공통된 病이다.[32]

위의 인용문에서는 察理未透(鑿空以强探)와 操心昧方(揠苗以助
長)으로 인해서 생기는 '心氣之患'은 南時甫만의 문제가 아니라 初
學者들의 공통된 病이라고 하였는데, 이러한 病이 생기는 것은 결
국 主敬明理의 공부에 의하여 '心定理明'이 잘 되지 않았기 때문인

---

32) 『退溪全書』(3), 答南時甫, 153쪽. 心氣之患正緣察理未透而鑿空以强探, 操
心昧方而揠苗而助長, 不覺勞心極力以至此, 此亦初學之通患.

것이다. 이러한 '心氣之患'을 치유하는 방법으로서의 敬(持敬)이란 整齊嚴肅·主一無適(程伊川)·其心收斂不容一物(尹和靖), 常惺惺法(謝上蔡) 등의 의미를 갖고 있다.[33] 퇴계는 敬에 관한 說로서는 程·謝·尹·朱의 說보다 절실한 것이 없는데, 整齊嚴肅의 공부도 하지 않고 처음부터 너무 인위적으로 서두르면서 惺惺工夫나 不容一物工夫를 하려고 한다면 싹을 뽑아 올려 助長하려는 것과 같은 病에 빠지게 될 것이며, 반대로 아무런 노력도 하지 않는다면 밭에 씨앗을 뿌려 놓고도 그냥 내버려두어 김을 매지 않는 사람과 같다는 것이다. 따라서 整齊嚴肅의 공부를 지속적으로 해나가면서 홀로를 삼가고(慎獨) 게으르지 않아(不放逸), 이런 공부가 오래되면 자연스럽게 늘 깨어있고(常惺惺) 어떤 사물에도 얽매이지 않아(不容一物) '忘助之病'으로부터 벗어날 수 있게 된다는 것이다.[34]

퇴계는 「琴聞遠東溪惺惺齋」라는 詩에서 이러한 敬의 공부에 관하여 다음과 썼다.

마음을 精一하는 데 敬이 要法임을 전하니
철저하게 깨어있음으로 저절로 밝다
다만 日用의 공부에서 더욱 노력할지니
자라는 싹을 뽑는 것을 배우지 말라[35]

나. 持敬의 구체적 방법
① 靜坐
퇴계는 敬(持敬)의 구체적 방법으로서 靜坐를 매우 중요시하였

---

33) 『退溪全書』(1), 『聖學十圖』 제4 「大學圖說」, 203쪽 및 제8 「心學圖說」, 208쪽.
34) 『退溪全書』(4), 「言行錄」·論持敬, 175-176쪽.
35) 『退溪全書』(3), 續集, 「琴聞遠東溪惺惺齋」, 41쪽.
精一心傳敬是要/ 儘惺惺地自昭昭/ 但加日用工夫在/ 莫學芮芮去揠苗

는데, 이것은 延平 李侗(1093-1163)의 영향이 크다고 할 수 있다.[36] 靜坐之學은 二程에게서 나온 것으로서, 일을 싫어하고 안정을 찾아 (厭事而求定) 禪에 들어가는 것과는 다른 것으로서, 延平과 朱子에 있어서는 心學의 本原이 되는 것이며, 바로 敬을 말하는 것이다.[37]

延平은 朱熹의 스승으로서 "默坐澄心 體認天理", "喜怒哀樂이 未 發할 때의 氣象을 體認함"이 그의 학문의 핵심이며, 退溪는 延平이 灑落한 경지에 이르렀고 '氷壺秋月' 같은 氣象을 지니고 있다고 하 였다.[38] 퇴계는 『朱子書節要』를 엮고 그 序文을 쓰기 전에 이미 『延 平答問』을 읽었으며, 이것은 퇴계가 朱子學을 주체적이고 心學的 인 측면에서 수용하고 이해하는 데 커다란 영향을 끼쳤을 것이라 고 생각된다.

퇴계는 『言行錄』에서 靜坐에 관하여 다음과 같이 말하고 있다.

> 延平의 靜坐의 說에 관해여 물으니,
> 선생이 말씀하기를
> "靜坐를 한 뒤에 몸(身)과 마음(心)이 收斂되어, 道理가 비로소 머물 곳이 있게 된다. 만약 육신이 흐트러지거나 게을러서 단속함이 없다면 몸(身) 과 마음(心)이 昏亂해져서, 도리가 다시는 머무를 곳이 없을 것이다. 그래 서 考停이 延平을 대하여 하루종일 靜坐하다가, 집에 돌아와서도 또한 그 렇게 하였다."
> 하였다.[39]

---

36) 退溪의 靜坐法에 관해서는 강호석의 「中國과 日本의 儒學 靜坐法에 비교 해 본 退溪의 靜坐法의 座標」, 『퇴계학보』 44집(1984)라는 논문이 있다.
37) 『退溪全書』(2), 「抄醫閭先生集附白沙陽明抄後復書其末」, 336쪽.
38) 『退溪全書』(4), 「言行錄」·讀書, 172쪽 및 教人, 180쪽.
39) 『退溪全書』(4), 「言行錄」·論持敬, 176-177쪽.

이렇게 볼 때 持敬(靜坐)의 공부에 의하여 몸과 마음이 수렴되고 (收斂身心 혹은 修身·治心), 몸(身)과 마음(心)의 體驗(體認)에 의하여 이치(理)의 참된 인식과 이해(眞知妙解)도 이루어질 수 있으며, '遏人欲存天理'도 가능하게 되는 것이다.

② '地頭'와 '時分'에 따른 敬(持敬)

퇴계는 『聖學十圖』의 제9「敬齋箴圖」와 제10「夙興夜寐箴圖」에서 敬(持敬)을 실천하는 구체적인 방법에 관하여 설명하고 있다. 그리고 「敬齋箴圖」와 「夙興夜寐箴圖」를 비교하여, 「敬齋箴圖」에서는 상황(地頭)에 따른 공부의 방법을 말하고 「夙興夜寐箴圖」에서는 시간 (時分)에 따른 공부의 방법을 말하고 있는데, 이치(理)는 언제 어느 곳에나 없지 않으니, 一動一靜·隨處隨時에서 存養과 省察의 공부를 지속해나가면 聖人이 될 수 있다고 하였다.[40]

퇴계는「敬齋箴圖」에서 朱熹와 吳澄(1249~1333)의 說을 인용하고 있는데, 吳澄의 說을 참고로 하여 靜動不違와 表裏交正, 無適主一, 有間有羞 등으로 나누어 그림을 그렸다. 正其衣冠·存其瞻視 등은 靜과 관계되고 足容必重·手容必恭 등은 動과 관계되며, 出門如賓· 承事如祭 등은 表와 관계되고 守口如瓶·防意如城 등은 裏와 관계 된다. 여기서 '守口如瓶'이란 말을 함부로 내뱉지 않는 것(不妄出) 을 의미하며 '防意如城'이란 사악한 생각이 일어남을 막는 것(閑邪 之入)을 의미한다. 퇴계는 가운데의 '心' 字를 중심으로 하여 無適

---

40) 『退溪全書』(1), 『聖學十圖』 제10 「夙興夜寐箴圖」, 210-211쪽. 蓋敬齋箴有許 多用工地頭, 故隨其地頭而排列爲圖. 此箴有許多用工時分, 故隨其時分而 排列爲圖. 夫道之流行於日用之間, 無所適而不在, 故無一席無理之地, 何 地而可輟工夫? 無頃刻之或停, 故無一息無理之時, 何時而不用工夫? (중략) 此一靜一動, 隨處隨時, 存養省察交致其功之法也. 果能如是, 則不遺地頭 而無毫釐之差, 不失時分而無須臾之間. 二者並進, 作聖之要其在斯乎.

과 主一을 써놓았다. 퇴계는 箴의 不東以西·不南以北·當事而存·靡他其適을 無適으로 설명하고, 弗貳以二·弗參以三·惟心惟一·萬變是監을 主一로 설명한다. 그리고 시간에 따른 어긋남(有間)과 일에 따른 어긋남(有差)을 설명하고 있다.[41] 퇴계는 陳伯의 「夙興夜寐箴」을 바탕으로 그림을 그리고 자신의 설명을 덧붙였는데, 여기서는 일찍 잠을 깨고(晨興) 일찍 일어나고(夙寐) 낮에 부지런히 노력하고(日乾), 저녁에 두려워하며 조심하는(夕惕) 내용으로 이루어져 있다.

앞에서 敬의 의미와 敬(持敬)의 구체적 방법으로서의 靜坐 및 地頭·時分에 따른 敬에 관하여 살펴보았는데, 持敬이란 思學을 兼하고, 動靜을 꿰뚫고, 內外를 합하며, 顯微를 통일하는 공부라고 할 수 있다.[42]

③ 敬과 '遏人欲存天理'

퇴계는 젊을 때 『心經』을 매우 중요시하고 많은 영향을 받았으며, "孔門에서는 心學을 말하지 않았지만 心學은 그 가운데 있다"[43] "무릇 心學이 비록 다양하지만, 모두 요약하여 말하면 '遏人欲存天理'에 지나지 않는다"[44]라고 하여 心學의 핵심을 '遏人欲存天理'로 파악하였다. 그리고 퇴계는 飮食男女란 天理가 깃들고 人欲이 있는 곳으로 여기에서 小人의 '滅天理·窮人欲'과 君子의 '勝人欲·復天理'

---

41) 『退溪全書』(1), 『聖學十圖』 제9 「敬齋箴圖」, 209쪽. 臨川吳氏曰: 箴凡十章, 章四句. 一言靜無違 二言動無違, 三言表之正, 四言裏之正, 五言心之正而達於事, 六言事之主一而本於心, 七總前六章, 八言心不能無適之病, 九言事不能主一之病, 十總結一篇.
42) 『退溪全書』(1), 「進聖學十圖箚」, 197쪽. 持敬者又所以兼思學, 貫動靜, 合內外, 一顯微之道也.
43) 『退溪全書』(3), 答鄭子中, 163쪽. 孔門未嘗言心學而心學在其中.
44) 『退溪全書』(2), 答李平叔, 259쪽. 大抵心學雖多端而總要而言之, 不過遏人欲存天理兩事而已.

가 나뉘며, 治心·修身에 있어서 가장 절실하고 중요한 것이라고 하
였다.[45]

　　퇴계는 18세 때에 쓴 「野塘」이라는 詩에서 이러한 내용을 읊고
있다.

　　　　이슬 젖은 풀들이 곱게 물가를 둘렀는데
　　　　투명한 작은 연못이 맑아서 티끌 한 점 없구나
　　　　구름이 흐르고 새가 나는 것은 자연의 모습이지만
　　　　다만 때때로 제비가 물결을 찰까 두려워라[46]

　　이 詩에 대하여 그의 제자인 金富倫은 "天理가 流行하는데 그
사이에 人欲이 끼려함을 두려워함을 말한다"라고 하였다.[47] 그런
데 여기에서 天理와 人欲이라고 할 때의 '人欲'이라는 개념을 짚고
넘어갈 필요가 있다. 퇴계는 마음(心)의 문제에 관하여 논하면서
"人心은 七情이고, 道心은 四端이다"[48] 라고 하였고, 또 "人心은 人
欲의 本이고 人欲은 人心의 流다"[49], "人心에 있어서 理致에 맞고
中節한 것은 좋은 것이지만, 이와 반대는 나쁜 것이다"[50] 라고 하였
다. 이렇게 볼 때 心學의 핵심을 '遏人欲存天理' 라고 한다 해서, 순

---

45) 『退溪全書』(2), 答李宏仲, 214쪽. 以飮食男女爲切要. 飮食男女, 至理所寓而
　　大欲存焉. 君子之勝人欲而復天理由此, 小人之滅天理而窮人欲亦由此. 故
　　治心修身以是爲切要也.
46) 『退溪全書』(4), 「言行錄」·學問, 169쪽.
　　露草夭夭繞水涯/ 小塘淸活淨無沙/ 雲飛鳥過元相管/ 只怕時時燕蹴波
47) 위와 같음. 위의 詩에 대하여 金富倫은 "謂天理流行而恐人欲間之"라고
　　적었다.
48) 『退溪全書』(2), 答李平叔, 259쪽. 人心爲七情, 道心爲四端.
49) 『退溪全書』(2), 答喬姪問目·中庸, 307쪽. 人心者人欲之本, 人欲者人心
　　之流.
50) 『退溪全書』(2), 答李宏仲問目, 234쪽. 人心之中理中節爲好低, 反是爲不好底.

수한 情感의 자연스런 표현까지도 억압하고 부정하는 것은 아니라는 것을 알 수 있다.

(3) 마음공부(敬)와 즐거움(樂)의 관계

가. 조임(緊酬酢)과 풂(閒酬酢)의 문제

퇴계는 43세 때 『朱子大全』을 얻어 읽고 朱子學을 본격적으로 연구하게 되었으며, 朱子의 편지를 추려 뽑아서 『朱子書節要』를 엮고(56세), 58세 때(1558) 그 序文을 썼다.[51]

李仲久는 『朱子書節要』의 문제점을 지적하면서 "義理의 精深, 事爲의 酬酢 가운데 나의 몸(身)과 나의 마음(心)에 緊切한 것들을 우선적으로 뽑았어야 하는데 그 가운데에는 緊切하지 않은 경우인데도 수록된 것이 있다"라고 하였는데, 이에 대하여 퇴계는 다음과 같이 말하고 있다.

> 무릇 義理에는 진실로 精深處가 있지만, 오직 粗淺處가 없겠습니까? 事爲에는 진실로 緊酬酢이 있으며, 閒酬酢이 없겠습니까? 이들 중에서 나의 몸(身)과 나의 마음(心)에 관계되는 것은 진실로 긴절한 것으로 우선에 두어야 되겠습니다만, 이를테면 남에게 관계되는 것, 사물에 관계되는 것들을 나의 몸과 마음에 긴절치 않다고 하여 빠뜨려야만 되겠습니까? 우리 儒家의 학문이 異端과 다른 점이 바로 이곳에 있습니다. 오직 孔門諸子들은 이런 뜻을 알아차렸습니다. 그래서 논어에 수록된 것들에는 精深處가 있는가 하면 粗淺處도 있으며, 緊酬酢處가 있는가 하면 閒酬酢處도 있으며, 나의 몸과 마음에 긴절한 것이 있는가 하면 남에게 관계되는 것, 사물에 관계되는 것으로 나의 몸과 마음에 긴절해 보이지 않는 것도 있게 된 것입니다. (중략) 閒酬酢에 속할 그리 긴절치 않아 보이는 내용의

---

51) 『退溪全書』(2), 「朱子書節要序」, 348-350쪽.

것들도 選取해서 같이 넣은 의도는 이를 玩讀하고 음미할 사람들로 하여
금 선생의 풍모를 몸과 마음이 편안하고 優遊逸樂하는 가운데에서 직접
뵙는 것처럼 하게 하고, 그 말씀의 旨趣를 기침하시고 담소하시는 사이에
서 직접 듣는 것처럼 하게 하면 有道者의 기상을 그風範·神采의 사이에
서 체득한 것이 반드시 다시는 오로지 精深의 면에만 힘쓰고, 긴절하지
않은 것을 소홀히 하는 사람의 덕이 외로워 얻는 것이 없는 것보다 심하
지 않을 것입니다.[52]

　　다시 말해서 義理에는 精深處가 있고 粗淺處가 있으며, 事爲에
는 緊酬酢處가 있고 閒酬酢處가 있는데, 閒酬酢이라고 할 수 있는
내용들도 뽑아 놓은 이유는 사람들로 하여금 몸과 마음이 편안하
고 優遊逸樂하는 가운데 先生을 직접 뵙고 듣는 것처럼 느낄 수 있
도록 하기 위한 것인데, 일상적인 삶 속에서 체험하고 깨닫는 것이
精深한 것에만 힘쓰고 다른 것들은 소홀히 하는 것보다 더욱 깊을
수도 있기 때문이라는 것이다. 사람들이 살아가는 과정에서 精深處
나 緊酬酢에만 치우치다 보면 너무 엄숙함과 긴장감에 사로잡혀
굳어지고 빡빡해지기 쉽고, 그렇다고 粗淺處나 閒酬酢에만 치우치
다 보면 깊이가 없고 고삐 풀린 망아지처럼 날뛰기 쉽다. 따라서
조일 때는 조이고 풀어줄 때는 풀어주는 緊酬酢(조임)과 閒酬酢(품)
의 조화가 중요하다. 거문고의 줄은 너무 조이면 줄이 끊어지고 너

---

52) 『退溪全書』(1), 答李仲久, 298-299쪽. 夫義理固有精深處, 其獨無粗淺處乎?
　　事爲固有緊酬酢, 其無有閒酬酢乎? 是數者, 其關於吾身與吾心者, 固切而
　　當先矣, 若在人與在物者, 其以爲不切而可遺之乎? 吾儒之學與異端不同,
　　正在此處. 惟孔門諸子識得此意, 故『論語』所記有精深處有粗淺處, 有緊酬
　　酢處有閒酬酢處, 有切於吾身心者, 有在人在物而似不切於身心者. (중략)
　　閒酬酢似不切之語, 間取而兼存之, 使玩而味之者, 如親見先生於燕閒優逸
　　之際, 親聽音旨於聲欬談笑之餘, 則其得有道者氣象於風範神采之間者, 未
　　必不更深於專務精深, 不屑不緊者之德孤而無得也.

무 풀어주면 늘어져서 소리가 잘 나지 않기 때문에 때에 맞게(時中)
조이기도 하고 풀어주기도 해야 하는 것과 같다. 이런 '조임'과 '품'
의 조화의 문제는 바로 도덕적 수양(敬)과 심미적 체험(樂)의 통일
과도 관계가 있다. 마음(心)은 한 몸(身)의 主宰이고 敬은 한 마음
(心)의 主宰라고 할 때, 이런 緊酬酢(조임)과 閒酬酢(품)의 조화는
마음(心)과 敬을 중심으로 하는 퇴계의 心學을 새롭게 이해하는 중
요한 관점이 될 수 있다.

그런데 이러한 문제와 관련하여 『聖學十圖』에도 다음과 같이 주
목해야할 구절이 있다.

> 독서하다가 쉬는 사이에 마음껏 노닐며, 정신을 펴지게 하고, 情性을 休
> 養한다.[53]

이런 '조임'과 '품'의 조화에 관하여, 퇴계는 李平叔에게 주는 편
지에서 보다 구체적으로 말하고 있다.

> 이와 같이 고생만 할 것이 아니라 또한 반드시 때때로 한가로이 쉬면서
> 性情을 기르는 방법도 있어, 이것이 앞에서 말한 괴로움을 견디는 快活하
> 지 않는 공부와 서로 도움이 되는 것이므로 하나라도 빼놓을 수 없습니
> 다. 따라서 「學記」에는 "쉬기도 하고 노닐기도한다(息焉游焉)"라는 말이
> 있고, 「夙興夜寐箴」에서도 또한 "독서하다가 쉬는 사이에 마음껏 노닐며,
> 정신을 펴지게 하고 情性을 휴양한다"고 하였으니, 모두 이런 뜻입니다.
> 그러나 이런 말씀은 공부하는 사람을 게으르고 방종한 데로 흘러 들어가
> 게 하려는 것이 아니고, 다만 마음을 비우고 그 뜻을 음미하여 性情을 즐
> 겁게 하고, 우울한 기분을 풀 수 있고 氣體를 조화롭게 할 수 있기 때문

---

53) 『退溪全書』(1), 『聖學十圖』제10「夙興夜寐箴圖」, 210쪽. 讀書之餘, 間以游
泳, 發舒精神, 休養情性.

입니다. 무릇 한가로움 속에서 얻어지는 깊은 근원이나 즐거운 곳에서 생겨나는 신묘한 작용이 어찌 일찍이 괴로움을 쌓아 올린 공부가 없이 하루아침에 그냥 얻어지고 그냥 생길 수 있겠습니까? 그 유래와 원인이 오래되고 두터웠기 때문에, 얻어지는 것과 생겨나는 것이 深遠하고 無窮할 수 있는 것입니다.[54]

이렇게 볼 때 도덕적 수양으로서의 敬(持敬)의 공부를 하다보면 괴로움을 참고(忍辛耐苦) 지속적으로 공부할 필요가 있는데, 이러한 공부는 快活하지 않은 공부일 수 있다. 하지만 이러한 공부를 하는 사이에 쉬면서 性情을 즐겁게 하고(悅適性情) 푹 젖어 놀(優游涵泳)다 보면, 긴장하고 괴롭게 공부할 때 깨닫지 못하는 것을 자기도 모르게 자연스럽게 깨달을(自呈露於心目之間) 수도 있는 것이다. 敬(持敬)의 공부가 도덕적 엄숙주의로 떨어지지 않고 심미적 체험(樂)으로 이어지기 위해서는 '緊酬酢'과 '閒酬酢'의 조화가 중요한 것이다.

나. 孔顔樂處와 山水之樂

유학에서는 도덕적 수양의 필요성(중요성)을 강조하고 수양의 과정에서의 어려움과 아픔을 말하지만, 또한 학문(수양)을 통하여 이룰 수 있는 참된 즐거움(眞樂)의 境地가 어떤 것인가에 관하여도 말하고 있다.[55] 그리고 퇴계는 敬(持敬)과 '遏人欲存天理'를 그 내

---

54) 『退溪全書』(2), 答李平叔, 262-263쪽. 有不可一向如此辛苦者, 亦必有時時虛閒休養意思, 乃與向所謂忍辛耐苦不快活之功, 互相滋益不可闕一也. 故「學記」有息焉游焉之說, 「夙興夜寐箴」亦謂讀書之暇間以游泳發舒精神休養情性, 皆此意也. 然非欲學流於怠慢放肆之謂也, 只是虛心玩意, 以悅適性情, 宣暢堙鬱, 調和氣體而已.(중략) 夫閒中所得之深遠, 樂處生之妙用, 豈曾無辛苦積累之功, 而一朝無故自得且自生哉? 其所由所因者久且厚, 故所得所生者能深遠而無窮矣.

용으로 하는 도덕적 수양을 매우 중요시하였지만, 순수한 情感의 자연스런 표현까지도 억압하고 무시하면서 항상 엄숙함과 긴장감에 사로잡혀 있었던 메마른 道學者가 아니었다. 유학에서 추구하는 誠과 仁의 境地는 眞과 善의 境地이고 眞과 善의 境地는 또한 樂(美)의 境地와 통하는 것인데, 마음(心) 가운데 '樂'을 실현하는 것이 유학의 완성이라고 할 수 있다.[56]

程顥(1032~1085)는 周敦頤(1017~1073)에게 배웠을 때를 돌아보며 다음과 같이 말하였다.

> 옛날에 周선생께 배울 때, 항상 顔淵과 孔子가 즐긴 것을 찾아보고 무엇을 즐겼는지 알아보라고 하셨다.[57]

그 이후에 '孔顔樂處'를 찾는 것은 宋明理學의 중요한 과제가 되었으며, "顔淵은 어떻게 貧困한 가운데서도 즐거울 수 있었는가?" 하는 문제를 이해하는 것은 二程을 비롯한 宋明理學者들에게 커다란 영향을 끼쳤다. '孔顔樂處'는 人生의 이상이며 또한 境界의 문제

---

55) 『論語』, 7. 述而, 3. 子曰: 德之不修, 學之不講, 聞義不能徙, 不善不能改, 是吾憂也.

『論語』, 1. 學而, 1. 子曰: 學而時習之, 不亦說乎? 有朋自遠方來, 不亦樂乎?

『論語』, 6. 雍也, 11. 子曰: 知之者不如好之者, 好之者不如樂之者.

『論語』, 6. 雍也, 11. 子曰: 賢哉, 回也!一簞食一瓢飮在陋巷, 人不堪其憂, 回也不改其樂. 賢哉, 回也.

『論語』, 11. 先進, 26. 莫春者, 春服旣成, 冠者五六人, 童子六七人, 浴乎沂風乎舞雩, 詠而歸. 夫子喟然嘆曰: 吾與點也.

『孟子』, 13. 盡心 上, 4. 孟子曰: 萬物皆備於我矣, 反身而誠, 樂莫大焉, 强恕而行, 求仁莫近焉.

56) 蒙培元, 「退溪의 心의 境地說과 그 現代的 意義」, 『퇴계학보』 87·88집 (1995), 140쪽.

57) 『二程集』(1), 16쪽.

이다.58)

程頤(1033~1107)는 「顔子所好何學論」이라는 글에서 '孔顔樂處'에 관하여 설명하였는데, 그는 '性其情'과 '情其性'을 구별하면서, 배워서 성인이 되는 즐거움은 지나쳐서 방탕해지기 쉬운 감정(情)을 잘 조절하여 中에 합치되도록 (約其情而使合於中)하여 "正其心而養其性"하는 데 있다고 하였다.59) 朱熹는 '曾點의 樂'에 대하여, 天理人欲의 문제와 관련시켜 다음과 같이 말하였다.

> 曾點의 학문은 人欲이 없는 곳에 天理가 流行하여 곳에 따라 충만하여 조금도 모자람이 없다. 그러므로 그 動靜할 때에 從容함이 이와 같았으며, 그 뜻을 말하면 또한 자기가 처한 위치에서 日用之常을 즐기는 데 지나지 않았으며, 처음부터 자기를 버리고 다른 사람을 위하려는 뜻이 없었으며, 그 가슴속이 한가롭고 자연스러워 바로 天地萬物과 더불어 上下가 함께 흘러, 각각 그 자리를 얻은 妙함이 자기도 모르게 스스로 말 밖에 나타난다.60)

다시 말해서 曾點의 학문은 '遏人欲存天理'하였으며, 日用之常을 즐기면서도 "與天地萬物上下同流, 各得其所之妙"하였다고 할 수 있다. 즐거움(樂)의 문제는 감정(情)의 문제와 관계가 있고, 또한 '遏人欲存天理'의 공부와 깊은 관계가 있다. 인간과 자연의 조화가 이루어지고, 自我의 내적 갈등이 극복되고, 주체와 대상이 합일될 때 참된 즐거움을 체험할 수 있게 된다.

---

58) 陳來, 『宋明理學』, 43쪽.
59) 『二程集』(2), 577쪽.
60) 『論語』, 11. 先進, 26. '吾與點也'에 관한 朱子註. 曾點之學, 皆有以見夫人欲盡處天理流行, 隨處充滿無所欠闕. 故其動靜之際從容如此, 而其言志則又不過卽其所居之位樂其日用之常, 初無舍己爲人之意, 而其胸次悠然, 直與天地萬物上下同流, 各得其所之妙隱然自見於言外.

퇴계는 또한 즐거움(樂)의 문제와 灑落의 경지를 매우 중요시하
였으며, '性情之正'과 '山水之樂'을 많은 詩로서 표현하였다. 퇴계는
'孔顔樂處'에 관하여 다음과 같이 구체적으로 말하였다.

孔子께서 일컫기를, "顔子는 그 즐거움을 고치지 않는다(回也不改其樂)"
고 하신 것은 그 뜻이 깊은 것인데, 주렴계는 二程에게 그 樂處를 찾게
하면서 "안자가 즐긴 것은 어떤 것일까?" 하였으니, 이것은 진실로 아무런
대상도 없이 그냥 앉아서 깨닫는 것을 말함이 아닙니다. 또한 二程의 학
문은 이미 그 즐거움의 경지에 이르렀으므로 찾아서 깨닫게 한 것이지,
만약 다른 사람이었다면 어찌 하루아침에 억지로 탐구하여 깨달을 수가
있었겠 소? 그러므로 程子는 이를 드러내지 아니하였는데, 朱子는 다만
'博文約禮'로써 그 노력해가는 실마리를 조금 드러냈을 뿐입니다. 그러나
안자가 어떻게 하여 그러한 경지에 도달했는가 하면 역시 그 두 가지 일
에 從事하는 데에 지나지 않은 것이고, 그만두려고 하여도 그만둘 수가
없다는 경지에 이르러서도 이 두 가지 일을 벗어난 것이 아니고, 가슴속
에 스스로의 즐거움이 있었기 때문입니다. (중략)
孟子가 말하기를, "君子가 道를 깊이 탐구하는 것은 스스로 얻으려는 것
인데, 스스로 얻게 되면 그 거처함이 편안하고, 편안해지면 도에 힘입음
이 깊고, 힘입음이 깊으면 左로右로 행동하여도 그 根原을 만난다" 하였
고, 또 말하기를, "앎(知)의 실제는 그 두 가지 (仁·義)를 알아서 버리지
않는 것이고, 즐거움(樂)의 실제는 그 두 가지를 즐겁게 여기는 것인데,
즐거우면 저절로 우러나게 되고, 저절로 우러나게 되면 어찌 그만둘 수
있겠는가? 그만둘 수 없게 되면 자신도 모르게 손과 발이 춤을 추게 된
다" 하였습니다. 무릇 顔子의 즐거움(樂) 또한 左로 右로 행동하여도 그
根原을 만나기 때문에 자신도 모르게 손이 춤을 추고 발이 뛰게 되는 것
인데, 이 즐거움(樂)을 어찌 가난이 털끝만큼이라도 흔들 수 있겠소?[61]

　　다시 말해서 顔子의 즐거움(樂)이란 '博文約禮'의 공부를 지속적
으로 해나가다 보면 아직 깨닫지 못했을 때에는 의문도 있고 괴롭
기도 하겠지만, 眞積力久하여 깨닫게 되면 언제 어디서나 근원을
만나게 되고, 仁과 義를 알면 즐겁게 되고 즐거움(樂)이 생기면 그
만둘 수가 없고, 자신도 모르게 손과 발이 춤추며 뛰는 체험을 하
게 되므로, 가난이 그 즐거움(樂)을 흔들 수 없다는 것이다.
　　퇴계는 '顔子之樂'에 관하여 「樂天」이라는 詩를 썼다.

　　　道를 깨닫고 하늘을 즐김이 聖人의 경지이니
　　　오직 顔子만이 이에서 멀지 않네
　　　나는 이제 하늘이 두려움을 알았으니
　　　樂이 그 사이에 있어 노래하여 보련다[62]

　　퇴계는 陶山書堂을 짓고 그 가운데 하나를 '玩樂齋'라고 하였는
데, 이것은 朱子의 「各堂實記」의 "즐기며 음미하여 죽을 때까지 싫
증나지 않을 만하다"는 말에서 취한 것이다.[63] 그리고 퇴계는 「玩
樂齋」라는 제목으로 詩를 썼다.

---

61) 『退溪全書』(2), 答金而精, 75-76쪽. 孔子稱顔子不改其樂其旨深矣, 而周之
　　於兩程令尋其樂處所樂何事, 固非顯空坐悟之謂也. 亦見兩程之學已幾及於
　　其樂, 故令尋而得之耳, 若在他人豈能一朝强探而得之耶? 故程子不露, 而
　　朱子只以博文約禮, 微露其用力之端而已. 然求顔子所以到此地位亦不過從
　　事於此二事, 而至於欲罷不能處仍不離此而胸中自有樂耳.(중략)　孟子曰:
　　君子深造之以道欲其自得之也, 自得之則居之安, 居之安則資之深, 資之深
　　則取之左右逢其原, 又曰: 知之實知斯二者不去是也, 樂之實樂斯二者, 樂
　　則生矣, 生則烏可已也? 烏可已則不知手之舞之足之蹈之. 夫顔子之樂, 亦
　　取之左右逢其原, 故不知手舞而足蹈, 此豈貧窶所能動其一髮哉?
62) 『退溪全書』(1), 內集, 「樂天」, 99쪽.
　　聞道樂天斯聖域/ 惟顔去此不爭多/ 我今唯覺天堪畏/ 樂在中間可詠歌
63) 『退溪全書』(1), 內集, 「陶山記」, 101쪽.

主敬하고 다시 集義의 공부를 하여
잊고 돕지 않고 점차로 融通하여
濂溪의 太極圖의 妙함을 알고 보니
千年의 이 기쁨(樂) 같은 것을 비로소 믿으리라[64]

勿忘·勿助長하는 主敬과 集義의 공부를 통하여 존재의 근원으로서의 太極이 무엇인지를 알 때, 시간을 초월하는 인생의 궁극적인 즐거움을 체험할 수 있는 것이다.

퇴계는 특히 山水之樂 혹은 山林之樂을 중요시하였다. 퇴계는 權好文에게 "智者樂水 仁者樂山"(論語·雍也)의 '樂山樂水'란 말은 山水에 나아가 仁과 智를 구하라는 것이 아니라, 仁者·智者의 氣象·意思를 山水에 비유하여, 사람들이 마음(心)에서 仁과 智의 미묘한 이치를 깨달을 수 있도록 하기 위한(反諸吾心而得其實) 것이라고 하였다.[65] 또한 仁과 智의 實을 찾음에 强探·安排하는 잘못된 습관을 버리고, 虛心平氣하고 反覆體驗하여 일상적인 생활 속에서 실천하는 것이 바로 敬의 공부이며,[66] 이렇게 볼 때 '樂山樂水'란 단순히 自然美의 체험으로만 끝나는 것이 아니라 '遏人欲存天理'를 핵심으로 하는 心學과 깊은 관계가 있는 것이다.

퇴계는 「陶山雜詠·並記」에서 自然(山水) 속에서의 삶과 체험에 관하여 구체적으로 말하였는데,[67] 山 속에 살면서 調息하다보면 身體가 輕安하고 心神이 灑醒하며, 宇宙를 우러르고 굽어보면 느낌이 지속되므로, 밖으로 나가서 마음이 끌리는 대로 따라 노닐며 집에

---

64) 『退溪全書』(1), 內集, 「玩樂齋」, 103쪽.
　　 主敬還須集義功/ 非忘非助漸融通/ 恰臻太極濂溪妙/ 始信千年此樂同
65) 『退溪全書』(3), 答權生好文論樂山樂水, 165쪽.
66) 『退溪全書』(3), 答權生好文論樂山樂水, 165쪽.
67) 『退溪全書』(1), 101-102쪽.

돌아와서는 靜坐하고 存養·窮理의 공부를 하다가 깨달음이 있으면 기뻐서 밥 먹는 것조차 잊어버리며, 사계절의 경치가 같지 않음에 따라 흥취가 무궁하므로 스스로 마음(心) 속에 느끼는 즐거움이 적지 않으므로 표현하지 않으려고 해도 詩를 쓰지 않을 수 없다는 것이다. 참으로 自然(山水)과의 交感 속에서 "興來情適已難禁"(吟詩)하고 "得意題詩筆有神"(賞花)하는 생활이 아닐 수 없다. 이러한 퇴계의 삶과 체험을 함께 보지 않고는 그의 사상을 잘 이해할 수 없다.[68]

그리고 퇴계는 '山林之樂'에 관하여 다음과 같이 말한 적도 있다.

> 그윽하고 아득한 곳에 있는 좋은 산과 아름다운 물을 만나면, 술병을 지니고 혼자 가기도 하고 친구와 함께 가기도 하였다. 휘파람 불고 읊조리며 종일토록 노닐다가 돌아오곤 하였다. 모든 것이 마음을 확 트이게 하고 정신을 깨끗하게 하며 性情을 기르는 것이었다.[69]

그런데 여기서 말하는 '山林之樂'이란 또한 性情을 기르는 데도 도움이 되는 것이다. 다시 말하면 이것은 자연에 관한 태도에 있어서 "玄虛를 그리워하며 高尙을 일삼아 즐기는" 그런 입장이 아니라, "道義를 기뻐하고 心性을 기르면서 즐기는" 그런 입장이라고 할 수 있다.

다. '性情之正'과 그 詩的 표현
퇴계는 자연과 인간이 조화를 이루고(情景合一·天人合一) 도덕

---

68) 「陶山雜詠」과 山水之樂에 관하여는 다음과 같은 논문이 있다.
　　이가원, 「「陶山雜詠」과 山水之樂」, 『퇴계학보』 46집(1985).
　　송재소, 「退溪의 隱居와 「陶山雜詠」」, 『퇴계학보』 110집(2001).
69) 『退溪全書』(5), 「李子粹語」, 302쪽.

적 수양(敬)과 심미적 체험(樂)이 통일되는(善과 美의 통일) 그런 경지를, 때로는 이론적(개념적) 언어로 그리고 때로는 詩的인 언어로 표현하였다. 儒學은 인간학이며 기본적으로 도덕철학이다. 하지만 儒學에서는 도덕을 강조할 뿐만 아니라, 性情을 기르고 사람됨을 실현하는 데 있어서의 문학·예술의 역할과 의미를 매우 중요하게 생각했다.

退溪는 孔子와 朱熹의 文學觀을 바탕으로 하면서, 詩가 學者에게 가장 절실한 것은 아니라고 하면서도 詩에 많은 노력을 기울였으며, 아름다운 경치를 보았을 때 일어나는 순수한 情感의 자연스런 표현으로서의 詩는 없을 수 없다고 하였다. 퇴계는 젊은 날에는 오히려 詩人的인 성격이 강했으며 나이가 들어가면서 철학적인 사유가 깊어지게 되었다. 하지만 젊은 날의 詩에서도 이미 그의 철학적 사유의 싹을 엿볼 수 있으며 또한 중년 이후에는 깊은 철학적 사유를 많은 詩로서 표현하기도 하였는데, 그의 사상적인 체계 속에서는 이러한 詩와 철학이 하나로 어우러져서 독자적이고 새로운 경지를 드러내주고 있다.

퇴계의 詩에 대한 견해는 「吟詩」라는 詩를 읽어보면 더욱 잘 알 수 있다.

> 詩가 사람을 그르치랴 사람이 스스로 그릇되지
> 興이 일어나고 情에 맞으면 참기가 어려운 걸
> 風雲이 이는 곳엔 神의 도움 있고 말고
> 葷血이 녹아날 때 俗된 소리 끊어지네[70]

---

70) 『退溪全書』(1), 內集, 「吟詩」, 108쪽. 詩不誤人人自誤/ 興來情適已難禁/ 風雲動處有神助/ 葷血消時絶俗音
退溪의 詩에 관한 번역으로는 대표적으로 다음과 같은 것들이 있다.
이가원, 『退溪詩譯註』, 정음사 (1987).

이 시에서 '詩不誤人人自誤'란 詩와 詩作 자체를 비판하는 것이 아니라, 마음의 수양은 소홀히 하고 多作만을 일삼는 詩作의 태도에 문제가 있다는 것이다. 그리고 退溪는 '興來情適已難禁'이라고 하여, 朱熹 보다도 훨씬 적극적으로 詩와 詩作을 긍정하고 있다.

퇴계는 詩에 의하여 가슴속의 여러 가지 감정을 풀어낼 수 있고, 이론적인 언어로는 설명할 수 없는 것을 표현할 수 있으며, 自然과의 交感 속에서 詩가 더욱 잘 써질 수 있고, 詩的 영감이 떠오르면 신들린 것처럼 쓰여진다고 하였다.[71] 이렇게 볼 때 퇴계는 정말로 詩人的 哲學者라고 할 수 있다.

퇴계는 이러한 詩論을 바탕으로 다음과 같은 詩를 썼다.

> 한차례 꽃이 피면 한차례 새로우니
> 하느님이 저으기 내 가난 위로하네
> 조물주는 무심코 얼굴을 드러내고
> 천지는 말없이 절로 봄을 머금었네
> 시름 씻고 술 부르니 새가 와서 들라하고
> 흥이 솟아 시를 쓰니 붓대마저 신들렸네[72]

신호열, 『國譯退溪詩』Ⅰ·Ⅱ, 한국정신문화연구원(1990).

이장우·장세후(역주), 『퇴계마을의 노래』, 지식산업사(1997).

이장우·장세후(역주), 『퇴계시 풀이』(이장우·장세후 옮김), 영남대 출판부(2007)

71) 『退溪全書』(1), 內集, 「賞花」, 109쪽. 繞愁喚酒禽相勸/ 得意題詩筆有神
   『退溪全書』(2), 別集, 「春川向揚口」, 506쪽. 週來自覺溪山助/ 詩骨嶷嶷必洒泉
   『退溪全書』(3), 外集, 「復用前韻」, 36쪽. 莫笑文章爲小技/ 胸中妙處狀來眞
   『退溪全書』(2), 別集, 「次韻答松岡」, 531쪽. 萬斛愁情誰解得/ 閒中陶寫只憑詩

72) 『退溪全書』(1), 內集, 「賞花」, 109쪽.
   一番花發一番新/ 次弟天將慰我貧/ 造化無心還露面/ 乾坤不語自含春/ 繞

꽃은 바위 벼랑에 피었는데 봄은 고요하고

시냇가 나무에 새가 울고 물은 졸졸 흐르네

우연히 산 뒤에서 아이 어른 데리고

한가롭게 산 앞에 와서 考槃을 보았네[73]

여기서 첫 번째 詩는 無心하게 말없이 이루어지는 자연의 변화 속에서 모든 것이 새롭고 충만함을 느끼며 物我一體의 경지에서 詩가 쓰여짐을 노래하고, 두 번째 詩에서는 沂水에서 목욕하고 舞雩에서 바람 쏘이며 詩를 읊조리며 돌아오겠다고 했던 曾點의 樂과 통하는 것이다.

退溪의 학문(사상)은 '사람됨의 완성을 지향하는 실천적 인간학'이며, 기본적으로 도덕철학이다. 그리고 四端七情論과 敬은 바로 이러한 인간학과 도덕철학의 구체적인 내용을 이루는 것으로서, '遏人欲存天理'를 추구하는 '治心之學'으로서의 心學의 핵심이라고 할 수 있다. 四端七情이 理發이냐 氣發이냐 하는 문제에 관한 논의는 단순히 개념에 대한 분석이나 논리적인 타당성의 문제로 끝나는 것이 아니다. 四端七情論이 마음(心)의 구조와 작용에 대한 분석을 통해서 본래성(本然之性)을 회복하고 도덕적인 주체성을 확립할 수 있는 근거와 논리를 제시해주는 것이라면, 敬(持敬)이란 이를 실현하기 위한 구체적인 방법이라고 할 수 있다. 이런 문제에 관한 논의는 삶 혹은 앎(知)과 함(行)의 主體로서의 자신을 어떻게 변화

愁喚酒禽相勸/ 得意題詩筆有神

73) 『退溪全書』(1), 內集, 「步自溪上踰山至書堂」, 112쪽.

花發巖崖春寂寂/ 鳥鳴澗樹水潺潺/ 偶從山後携童冠/ 閒到山前看考槃

『退溪全書』(4), 「言行錄」・樂山水, 201쪽.

위의 詩에 대하여 李德弘은 "詩有沂上之樂, 樂其日用之常, 上下同流, 各得其所之妙也."라고 적었다.

시킬 것인가 하는 실천적인 혹은 실존적인 의미를 지니고 있다.

3) 심미적 이성, 생태적 영성을 위하여

그렇다면 이런 퇴계의 사상은 오늘의 우리에게 어떤 의미가 있
는가?

사람은 몸(身)과 마음(心)의 조화(妙合)로 이루어져 있고, 숨(呼
吸)을 쉬며, 밥먹고 잠자고 똥싸고, 보고 듣고 말하고, 느끼고 헤아
리고 꿈꾸며, 울고 웃으면서, 어울려 꼼지락거린다. 藝術은 느낌(感
性/表現)과 관계가 있고, 哲學은 헤아림(理性/思惟)과 관계가 있다.
그런데 느끼는 것도 사람이며, 헤아리는 것도 사람이다. 사람은 느
끼면서 헤아리고, 헤아리고 느끼며, 느낌과 헤아림을 넘어서는 새
로운 것을 꿈꾸는 것이다. 그런데 감성적으로 느끼기만 하고 이성
적으로 헤아려보지 않으면 깊이가 없게 되고, 이성적으로 헤아리기
만 하고 감성적으로 느끼지 못하면 추상적(관념적)인 것으로 끝나
버릴 수 있다. 따라서 사람이 사람답게 그리고 보다 잘 살기 위해
서는 감성(感性)과 이성(理性)의 조화가 이루어져야 하며, 이런 조
화는 예술과 철학의 만남을 통하여 구체적으로 추구해볼 수 있지
않을까?

이런 문제와 관련하여 김우창은 다음과 같이 '심미적 이성'이란
개념을 제시하였다.[74]

유동적인 현실에 밀착하여 그것을 이성의 질서 속에 거두어들일 수 한
원리를 메를르 퐁티는 '심미적 이성'이란 말로 불렀다. 이 이성을 통하여

---

74) 김우창, 심미적 이성의 탐구, 솔(1992)
　　문광훈, (김우창 읽기)구체적 보편성의 모험, 삼인(2001)
　　교수신문 엮음, 오늘의 우리 이론 어디로 가는가? 생각의 나무(2003)

무엇이 드러난다고 하면 그것은'개념 없는 보편성'일 뿐이다. … 그러나 그것은 적어도 너무 이른 결정으로 현실을 놓치는 것을 경계하는 원리가 되기는 할 것이다. 무엇보다도 중요한 것은 현실의 우위이다.[75]

사람은 끊임없이 일어나고 사라지는 감각적인 세계와 그것을 통일할 수 있는 일관된 세계의 통합을 바란다. 구체적이지만 보편적인 존재가 되기를 바라는 것이다. 심미적 이성은 이런 것을 통합하는 이성을 말한다고 할 수 있다. 감각적인 가변성과 이성적인 통일을 할 수 있는 유연한 이성으로 볼 수 있다.[76]

퇴계의 四端七情論과 詩的 표현들을 김우창이 제시한 '심미적 이성'과 관련하여 새롭게 이해해볼 수 있을 것이다. 우리는 감성적으로 느끼면서 이성적으로 헤아려보고, 이성적으로 헤아리면서 감성적으로 느낄 수 있을 때(情과 理의 통일), 추상적(관념적)인 것으로 끝나지 않으면서 깊이가 있게 되고 또한 구체적 보편성을 추구할 수 있을 것이다.

퇴계는 있음(生命)의 초월적 근원으로서의 님을 그리워하면서, 님의 뜻이 무엇인지 알고 싶어 하였고, 그런 님을 믿고 님의 뜻에 따라 살려고 노력하였으며, 그런 님에 대한 그리움을 많은 詩作을 통하여 표현하였다. 퇴계의 삶과 사상 속에서는 感性과 理性과 靈性 혹은 철학적 사유(心과 理)와 종교적 수행(敬), 그리고 예술적 표현(詩와 詩作)이 유기적으로 통일되어 있으며, 이런 퇴계의 심미적 이성과 생태적 영성은 오늘날에 있어서 자연과 인간의 조화, 사유와 존재의 일치, 주체와 대상의 합일, 도덕적 수양(敬)과 심미적 체험(樂)의 통일이라는 문제와 관련하여 깊은 의미가 있다고 생각된

75) 김우창, 심미적 이성의 탐구, 370-371쪽
76) 교수신문 엮음, 오늘의 우리 이론 어디로 가는가? 192쪽

다. 지금 그리고 여기에서, 儒學(儒敎)의 현대화와 대중화는 어떻게 가능할 것인가?

『增補退溪全書』(5책), 성대 대동문화연구원, 1997
『退溪書節要』(張立文 主編), 중국 인민대학출판사, 1989
『To become a Sage』(Michael C. Kalton), Columbia University Press, 1988
『The Four-Seven Debate』(〃), State University of New York Press, 1994
『국역 退溪全書』(29책), 퇴계학연구원(1991-2001)
『退溪選集』(윤사순 譯註), 현암사, 1999
『聖學十圖』(이광호 옮김), 홍익출판사, 2001/2012
『心經附註』『自省錄』(최중석 譯註), 국학자료원, 1998/2003
『退溪詩譯註』(이가원 譯註), 정음사, 1987
『퇴계시 풀이』(이장우·장세후 옮김), 영남대 출판부(2007)
『다시 陶山매화를 찾아서』(신호열 譯註), 창작과 비평사, 1995

이상은, 퇴계의 생애와 학문, 서문당, 1984 / 예문서원, 1999
금장태, 퇴계의 삶과 철학, 서울대 출판부, 1998
　　　　퇴계평전, 지식과 교양, 2012
　　　　鬼神과 祭祀(유교의 종교적 세계), 제이앤씨, 2009
高橋進(안병주·이기동 역), 李退溪와 敬의 哲學, 신구문화사, 1986
張立文, 朱熹與退溪思想比較硏究, 문진출판사, 1995
윤사순(편저), 退溪 李滉(한국의 사상가 10인), 예문서원, 2002
이민홍, (증보)士林派文學의 硏究, 월인, 2000
王甦(이장우 역), 退溪詩學, 중문출판사, 1997
이훈구, 감정심리학, 이너북스, 2010
김우창, 심미적 이성의 탐구, 솔, 1992
문광훈, (김우창 읽기)구체적 보편성의 모험, 삼인, 2001
교수신문 엮음, 오늘의 우리 이론 어디로 가는가?, 생각의 나무, 2003
박성배, 한국사상과 불교(元曉와 退溪, 그리고 頓漸논쟁), 혜안, 2009
오강남, 세계종교둘러보기, 현암사(2003)
이가원, 「유가사상과 한국문학」, 한국사상대계 Ⅰ, 대동문화연구원, 1973

장세후, 「朱熹」, 중국시와 시인(송대편), 도서출판 역락, 2004
이광호, 「上帝觀을 중심으로 본 儒學과 기독교의 만남」 儒敎思想硏究 제
　　19집, 2003

5. 退溪와 栗谷, 무엇이 같으며 어떻게 다른가?

1) 退溪와 栗谷의 비교(1) : 문제의식 및 사상

	退溪 李滉(1501-1570) 勳臣/權臣 정치기(士禍) 向內的/이원론적/이상주의적	栗谷 李珥(1536-1584) 士林정치기(東·西 分黨) 向外的/일원론적/현실주의적
목표와 관점 (天人合一/ 修己安人)	초월적 주재성 *窮則獨善其身(心學)	존재의 원리(내재적) *達則兼善天下(經世)
철학적 사유 (理氣와 心性)	理의 本然之體와 至神之用 (至虛而至實, 至無而至有 動而無動, 靜而無靜 命物而不命於物) *감정(情)의 문제 : 高峯과의 논쟁 四端 理發而氣隨之(主理) : 分開 七情 氣發而理乘之(主氣)	理氣之妙(難見·難說) 天地之化/吾心之發 氣化理乘 *牛溪 成渾(1535-1598)과의 논쟁 四端/七情 氣發而理乘之(渾淪) 人心道心相爲終始 ←意(計較)·志(意之定)의 문제 理通氣局 (無形無爲/有形有爲)
방법론 (居敬窮理)	主敬·窮理 眞知妙解(實得) / 理明心定 敬(遏人欲·存天理) 心與理一(眞樂)	居敬·窮理·力行 立志, 誠意, 矯氣質
예술적 표현 (文以載道/ 武夷櫂歌)	漢詩와 「陶山十二曲」(1565) *興來情適已難禁(賞花) *得意題詩筆有神(吟詩)	漢詩와 「高山九曲歌」(1578)
사회적 실천 (經世論)	『戊辰六條疏』(1568.8)	『東湖問答』(1569) 『萬言封事』(1574) 更張 / 知時識勢 時弊와 時務 / 務實과 實功
	『聖學十圖』(1568.12) (敬을 중심으로 하는 이중적 구조)	『聖學輯要』(1575) (修己·正家·爲政)

*士大夫정치기(여말-선초) / 勳臣정치기(세조-중종) / 權臣정치기(중종 말-명종) / 士林정치기(선조-경종) / 蕩平정치기(영조-정조) / 外戚勢道정치기(순조-고종)

2) 退溪와 栗谷의 비교(2) : 居敬窮理

退 溪	栗 谷
*主敬·窮理 理明心定/理(眞知妙解)/心與理一→眞樂 *心(一身之主宰)과 敬(一心之主宰) 　　　未發(體)-存養(存天理) 心(兼理氣·統性情)　　　敬-聖學(心法) 　　　已發(用)-省察(遏人欲) *心氣之患(察理未透, 鑿空以强探/ 　　　操心昧方, 揠苗以助長)(自省錄) 　*敬(聖學之始終)이란 무엇인가? 　　　收斂身心, 整齊嚴肅, 　　　主一無適, 常惺惺法, 　　　其心收斂不容一物 　　　　　靜坐 *持敬(兼思學, 貫動靜, 合內外, 一顯微之道) 　地頭(動靜不違/表裏交正)(제9도) 　時分(一靜一動/隨處隨時)(제10도)	 *居敬·窮理·力行 　理明心開/理氣之妙(眞知·眞得) *志之不立(不信·不智·不勇) 　昏(智昏/氣昏)·亂(惡念/浮念) *立志(學莫先於立志) 　大其志(聖人), 寡言(定心), 　謹獨(浴沂詠歸), 不緩不急 　(自警文, 1555) *誠意(自修莫先於誠意/ 　　　誠意爲修己治人之根本) *矯氣質(矯治氣質之偏, 以復本然之性) *敬(用功之要)→誠(收功之地)

3) 退溪와 栗谷의 비교(3) : 經世論

退溪	栗谷 創業(太祖)·守成(世宗-成宗)·更張(연산군)
『戊辰六條疏』(1568.8) 1. 중계통이전인효(重繼統以全仁孝) 2. 두참간이친양궁(杜讒間以親兩宮) 3. 돈성학이입기본(敦聖學以立治本) 帝王之學과 心法之要 4. 명도술이정인심(明道術以正人心) 5. 추복심이통이목(推腹心以通耳目) 一國之體 / 一人之身 人主(元首)/大臣(腹心)/·臺諫(耳目) 6. 성수성이승천애(誠修省以承天愛) 天(晏然之寵/赫然之威) 事親之心→事天之道 (無事而不修省 無時而不恐懼) 祖宗之成憲舊章, 積久而生弊者, 雖不可不稍變通, 然或並與其良法美意而一切紛更之, 必致大患. 變通 : 守舊/循常→至治(×) 新進/喜事→亂階(○) 內以自反於身心者 一於敬而無作輟, 外以修行於政治者 一於誠而無假飾	1. 『東湖問答』(1569) *立志(聖人) / 務實(效) *논군도(論君道), 논신도(論臣道) 논군신상득지난(論君臣相得之難) 논동방도학불행(論東方道學不行) 논아조고도불복(論我朝古道不復) 논당금지시세(論當今之時勢) 논무실위수기지요(論務實爲修己之要) 논변간위용현지요(論辨姦爲用賢之要) 논안민지술(論安民之術), 논교인지술(論敎人之術) 논정명위치도지본(論正名爲治道之本) 2. 『萬言封事』(1574) *政貴知時, 事要務實 時宜(隨時變通), 知時識勢, 實功 隨時可變者(法制) 不可變者(王道/仁政/三綱·五常) *修己安民之要 (修己) 분성지기회삼대지성(奮聖志期回三代之盛) 면성학극진성정지공(勉聖學克盡誠正之功) 거편사이회지공지량(去偏私以恢至公之量) 친현사이자계옥지익(親賢士以資啓沃之益) (安民) 개성심이득군하지정(開誠心以得群下之情) 개공안이제포렴지해(改貢案以除暴斂之害) 숭절검이혁사치지풍(崇節儉以革奢侈之風) 변선상이구공천지고(變選上以求公賤之苦) 개군정이고내외지방(改軍政以固內外之防) 3. 『六條啓』(1583) 임현능(任賢能), 양군민(養軍民), 족재용(足財用) 고번병(固藩屏), 비전마(備戰馬), 명교화(明敎化)

4) 退溪와 栗谷의 비교(4) : 『聖學十圖』와 『聖學輯要』

『聖學十圖』(1568)	『聖學輯要』(1575)
*道無形象, 天無言語 / 聖學有大端, 心法有至要 / 入道之門, 積德之基(進箚) *敬을 중심으로 하는 2중적 구조 1. 이론적 구조 　1도-5도 : 존재로부터 인간으로 　(本於天道而功在明人倫懋德業) 　6도-10도 : 인간으로부터 존재로 　(原於心性而要在勉日用崇敬畏) 2. 실천적 구조 　1도-2도 :「小學」「大學」의 標準本原 　5도-10도 :「小學」「大學」의 田地事功 　1.「太極圖」 　2.「西銘圖」 　3.「小學圖」 　4.「大學圖」 　5.「白鹿洞規圖」 　6.「心統性情圖」(上圖·中圖·下圖) *四端理發而氣隨之, 　七情氣發而理乘之(下圖) *心과 持敬 (未發存養之功深/已發省察之習熟) 　7.「仁說圖」 　8.「心學圖」 　9.「敬齋箴圖」 　　地頭에 따른 敬(動靜不違/表裏交正) 　10.「夙興夜寐箴圖」 　　時分에 따른 敬	*帝王之道本之心術之微, 載於文字之顯 　成己와 成物 / 察理(要)와 踐履(誠) *帝王之學(變化氣質) / 帝王之治(推誠用賢) 　變化氣質當以察病加藥爲功, 　推誠用賢當以上下無閒爲實(進箚) *道妙無形, 文以形道, 　四書六經旣明且備, 因文求道, 理無不現 　(序) *大學(三綱領·八條目)의 구조 1. 統說(總論修己正家爲政之道) 2. 修己(明明德) : 13조목(總論/功效) 　立志←志之不立(不信·不智·不勇) 　誠實(志無誠則不立, 理無誠則不格, 　　　氣質無誠則不能變化) 矯氣質(氣淸而質粹者/氣淸而質駁者/ 　質粹而氣濁者)←知(愚/明)·行(柔/强)의 　문제 3. 正家(新民/齊家) : 8조목(總論/功效) 4. 爲政(新民/治國平天下): 　　10조목(總論/功效) 　用賢(人君之職惟以知賢善任爲先務) 　識時務(創業·守成·更張) 　　　←無病而服藥, 嬰疾而却藥) 5. 聖賢道統(克盡修己正家爲政之道) 「大學」의 實跡: 成德, 設敎, 傳道 伏羲→周公→孔子→孟子→周子→朱子

*이성무, 조선시대당쟁사(1), 동방미디어(2000)
*이광호, 퇴계와 율곡, 생각을 다투다, 홍익출판사(2013)
*황의동, 율곡사상의 체계적 이해(1)(2), 서광사(1997)
*금장태, 율곡평전, 지식과 교양(2011)
*김태완(옮김), 율곡집, 한국고전번역원(2013)
　　　　　　　성학집요, 청어람미디어(2007)

6. 退溪學派와 栗谷學派에 관하여

1) 愚潭 丁時翰의 退溪에 대한 이해

(1) 愚潭과 退溪 그리고 退溪學派

퇴계학파가 형성되고 전개되는 과정에 있어서 중요한 인물인 愚潭 丁時翰(1625-1707)은 退溪(1501-1570)의 사상을 어떻게 이해하였는가 하는 문제에 대하여,『四七辨證』에 나타난 그의 관점과 견해를 중심으로 살펴보려고 한다.

퇴계학파는 역사적으로 어떻게 전개되었으며, 또한 철학적 쟁점들이 어떻게 변화되었는가?

퇴계학파는 16세기 후반에 주로 퇴계로부터 직접 受學한 門人들이 활동하였다면, 17세기부터 20세기 중반까지는 퇴계학파의 後學들에 의하여 계승되어간다고 할 수 있다. 퇴계학파의 學脈은 시대에 따라혹은 지역적으로 다양하게 分化가 이루어지고 있으며, 이러한 퇴계학파는 다음과 같이 4단계를 거쳐서 전개된다고 할 수 있다.[77)]

퇴계학파의 전개과정

제1기(16세기 후반) : 鶴峰(1538-1593), 西厓(1542-1607), 寒岡(1543-1620),
제2기(17세기) : 愚伏 鄭經世(1563-1633)와 旅軒 張顯光(1554-1637)
　　　葛菴 李玄逸(1627-1704)-理의 능동성과 理氣·四七의 分開說
　　　愚潭 丁時翰(1625-1707)
제3기(18세기) : 密庵 李栽(1657-1730)와 星湖 李瀷(1681-1763)
　　　大山 李象靖(1710-1781)-渾淪·分開을 종합하는 조화의 논리

---

77) 금장태, 退溪學派와 理철학의 전개, 서울대 출판부(2000). 8-9쪽, 20-28쪽

제4기(19세기) : 定齋 柳致明(1777-1861)과 西山 金興洛(1827-1899)
　　　　　　寒洲 李震相(1818-1886)과 俛宇 郭鍾錫(1846-1919)

*性理說의 전개와 쟁점
제1기(16세기) : 心性개념의 인식과 易學
제2기(17세기) : 一元論과 二元論의 양립
제3기(18세기) : 分開說에서 渾淪·分開의 통합적 관점으로
제4기(19세기) : 心合理氣說과 心卽理說의 양립

　이렇게 볼 때 愚潭은 17세기의 一元論과 二元論이 양립하는 시대를 살았다고 할 수 있는데, 한국유학의 역사 속에서 율곡학파와 퇴계학파가 대립하는 과정을 통하여 드러난 논점을 전체적으로 요약해보면, 율곡학파는 "理無爲 氣有爲" "心是氣"의 입장에서 四端七情을 모두 "氣發而理乘之"라고 주장하였다면, 퇴계학파는 "理有動靜 故氣有動靜" "心是理氣之合"의 입장에서 四端은 "理發而氣隨之"이며 七情은 "氣發而理乘之"라고 주장하였다고 할 수 있다.[78] 우담은 60대에 退溪學派의 學風이 배어있는 영남의 書院과 유적에 대한 여행을 통하여 퇴계의 學脈과 관계를 맺게 되었다. 첫 번째 여행(62세 때)에서는 圃隱과 退溪를 비롯한 영남의 五賢을 모신 道南書院(尙州)과 近畿 南人 學脈을 형성한 寒岡 鄭逑의 유적을 돌아보았는데, 여행하면서 鄭逑의 『心經發揮』를 읽었다고 한다. 두 번째 여행(64세 때)에서는 西厓 柳成龍을 모신 屛山書院(豊山)에 들렀다가 陶山書院(禮安)에 가서 퇴계의 墓에도 참배하였으며, 寧海의 葛菴 李玄逸을 만나고 晦齋를 모신 玉山書院(慶州)에도 참배하였는데, 이 여행은 퇴계학파와 만나게 되는 본격적인 여행이었다고 할 수 있

---

78) 고려대 한국사상연구소(편), (자료와 해설)한국의 철학사상, 예문서원(2001), 530쪽.

다. 세 번째 여행(65세 때)에서는 小白山에 들려 퇴계의 발자취를 살펴보고 孤山 李惟樟을 만났는데, 그 이후로 지속적으로 교류하였으며, 네 번째 여행(66세 때)에서는 다시 道南書院에 들렸다가 李惟樟과 함께 陶山書院에 참배하고 淸凉山에 들어가 퇴계가 노닐던 곳을 찾아보기도 하였다.[79]

우담의 「年譜」(丙子:1696.7.72세)에는 퇴계에 관하여 다음과 같이 기록되어 있다.

> 선생이 일생 동안 하신 학문은 朱子와 退溪를 표준으로 삼았는데, 그 理氣에 대한 변론과 性情의 근원에 대하여 眞知하고 實得한 것이 있었다. 그러므로 항상 주자 이후 嫡傳을 이어 道體를 본 사람은 오직 退溪 선생 한 사람일 뿐이라고 하였다. 불행하게 이론적으로서로 대립하여 옳은 것 같지만 참을 어지럽히는 것이 있어서, 마침내 栗谷의 편지를 취하여 조목을 나누어 논변을 하고 『四七辨證』이라고 하였다. 그 一字와 一義라도 타당하지 않은 것은 고치는 것을 그치지 않고 죽을 때까지 하였다.[80]

그리고 星湖 李瀷은 우담의 「墓碣銘」에서 다음과 같이 적고 있다.

> 동방의 儒學은 退溪 선생에서 가장 꽃피었는데, 퇴계 선생은 朱子를 계승하고 표준으로 삼아서 걸음에 맞춰 따라가는 것으로 학풍의 법도를 세웠는데, 가장 마음을 쓴 곳은 理氣의 변론으로서 학문의 두뇌를 삼았다. 그러나 서로 이론적으로 대립하면서 옳은 것 같지만 참을 어지럽히는 것이

---

79) 금장태, 退溪學派의 思想 Ⅰ, 집문당(1996). 246-247쪽.
80) 『愚潭全集』 권11, 24. ○七月. 四七辨證成. 先生一生學問. 以朱子, 退溪爲準的. 其於理氣之辨性情之原. 蓋有眞知實得者. 故常以爲朱子後承嫡傳而見道體者. 惟退溪先生一人而已. 不幸甲乙互爭. 有似是而惑其眞者. 遂取栗谷長書. 逐條論卞. 名曰四七辨證. 其一字一義之未安者. 不住修改. 以至終身.

있게 되었다. 선생은 거슬러 올라가 학문의 바른 길에 접하고, 이에 『四七辨證』을 저술하여 툭 트이게 되었지만, 오히려 겸손하게 자신을 낮춰 덕을 기르고 自警文을 지어서 아래에서 높은 곳을 엿보는 경계로 삼았다.[81]

이렇게 볼 때 우담은 기본적으로 율곡을 비판하고 퇴계를 주자의 嫡傳으로 보면서, 理氣에 대한 변론(理氣之辨)과 性情의 근원(性情之原)에 대한 퇴계의 眞知·實得을 따르고 실천하려는 입장이라고 할 수 있다.

(2) 理氣·心性에 대한 愚潭의 관점(견해)

그렇다면 퇴계의 사상에 대한 우담의 관점과 견해는 구체적으로 무엇인가? 우담은 72세 때 『四七辨證』이라는 책을 썼는데, 理氣와 心性에 관한 우담의 관점과 견해는 대표적으로 이 책의 내용을 통하여 살펴볼 수 있다.

이 책은 四端과 七情에 대한 퇴계의 理氣論的 해석을 비판하는 율곡의 견해를 다시 비판하고 퇴계의 학설을 변호하는 성격의 책으로서, 「序文」「推原」 그리고 「辨證」「總論」의 구조로 이루어져 있는데, 「推原」에는 秋巒 鄭之雲(1509-1561)의 「天命舊圖」, 퇴계의 「天命新圖」와 「心統性情圖」, 율곡의 「心性情圖」가 들어 있고, 「辨證」에서는 율곡이 牛溪 成渾(1535-1598)에게 보내는 편지(答成浩源書)를 41개 뽑아 구체적으로 분석하고 있다.

그렇다면 理와 氣 그리고 四端·七情에 대한 퇴계와 우담의 관점(견해)은 무엇이 같으며, 다르다면 또한 어떻게 다른가?

---

81) 『愚潭全集』 권12, 37. 東邦儒學. 莫盛於退溪李子. 李子繩尺考亭. 步步趨趨. 作爲門法. 其用意之最. 乃在於理氣之辨爲之頭腦. 然甲乙互爭. 有似是而惑其眞者. 先生泝接正路. 乃作四七辨證. 廓如也. 猶謙謙卑牧. 作自警文. 爲處下窺高之戒.

가. 이치(理)란 무엇인가?(眞知妙解와 理의 體用)

퇴계는 학문에 있어서 이치(理)를 탐구하고 인식(이해)하는 것의 중요성과 어려움에 대하여 다음과 같이 말하고 있다.

옛날과 지금 사람들의 學問과 道術이 어긋난 이유를 깊이 생각해보면 다만 '理'字를 알기 어렵기 때문이었을 뿐이다. '理'字를 알기 어렵다고 한 것은 대략 알기가 어렵다고 한 것이 아니라, 참으로 알고 신묘하게 이해하여(眞知妙解) 궁극에까지 이르기가 어렵다는 것이다.[82]

학문에는 이치(理)를 탐구하는 일이 중요하다. 이치(理)에 밝지 못하면, 글을 읽든 일을 만나든 어디를 가나 걸리지 않는 곳이 없다. 사람들이 이치(理)를 말하면서, 누구나 '형체가 없고, 갈래가 없고, 內外가 없고, 大小가 없고, 精粗가 없고, 物我의 구별이 없고, 虛하되 實하며, 없으면서 있는 것이다'라고 말하지 않겠는가? 다만, 진정으로 진실로 형체가 없고, 진실로 갈래가 없고, 진실로 內外가 없고, 진실로 大小가 없고, 진실로 精粗가 없고, 진실로 物我의 구별이 없고, 진실로 虛하면서도 實하고, 진실로 없으면서 있는 것이라는 것을 알기가 어려운 것이다. 이 점이 바로 내가 평소에 항상 '理'字를 알기가 어렵다고 말하는 이유인 것이다.[83]

학문에 있어서 이치(理)를 탐구하고 인식(이해)하는 것이 중요하지만, '眞知妙解'하는 것은 어렵다. 퇴계는 "窮理하고 실천을 통하

---

82) 『增補退溪全書』(1)(대동문화연구원, 1997), 答奇明彦·別紙, 424쪽. 蓋嘗深思古今人學問道術之所以差者只爲理字難知故耳. 所謂理字難知者非略知之爲難, 眞知妙解到十分處爲難耳.

83) 『退溪全書』(4), 「言行錄」·敎人, 179쪽. 嘗曰學貴窮理. 理有未明或讀書或遇事無所往而不礙. 凡人言理就不日無形體無分段無內外無大小無精粗無物我, 虛而實無而有哉. 但眞知其實無形體實無分段實無內外實無大小實無精粗實無物我, 實爲虛而實實爲無而有者爲難. 此其所以平日每云理字難知者也.

여 체험해야 비로소 眞知가 되고, 主敬하여 마음이 흐트러지지 않아야 바야흐로 實得이 있게 된다"[84]라고 하였다.

　우담은 이치(理)를 '眞知妙解'하는 것의 어려움에 대하여 다음과 같이 말하고 있다.

　　훌륭하도다, 퇴계 선생이 하신 말씀이여! "옛날과 지금사람들의 學問과 道術이 어긋난 이유를 깊이 생각해보면 다만 '理'字를 알기 어렵기 때문이었을 뿐이다" 단지 하나의 '理'字에 대하여 옛날부터 성현들이 名義를 가리키는 것이 모두 드러내어 밝음이 해나 별과 같다. 하지만 성현의 말씀이 가리키는 것에는 體를 가리켜 말한 것도 있고 用을 가리켜 말한 것도 있으며, '本原之理'를 가리켜서 말한 것도 있고 '散殊之理'를 가리켜 말한 것도 있다. 만약 한갓 그體의 '寂然不動'만을 말하고 '感而遂通'을 말하지 않거나, 한갓 '本原之理'가 만물에 부여된 것만 보고 '散殊之理'가 모든 사물의 법칙이 됨을 알지 못한다면, '寂而不感'하여 마침내 滅로 돌아가거나 '虛而不有'하여 마침내 無로 돌아가게 되어, 빠져서 사물과 단절되는 곳까지 이르게 될 것이다.[85]

　그렇다면 이렇게 '眞知妙解'한 이치(理)란 무엇인가? 퇴계는 이치(理)의 궁극적 실재성·운동성(작용성)·근원성(주재성) 등에 관하여 다음과 같이 말하고 있다.

---

84) 『退溪全書』(1), 與李叔獻, 370쪽.
85) 『愚潭全集』 권8.34. 善乎退溪先生之言曰. 古今人學問道術之所以差者. 只爲理字難知故耳. 只一箇理字. 從古聖賢所以指示名義者. 罄竭無餘炳如日星. 而第聖賢之言各有所指. 有指體而言者. 有指用而言者. 有指其本原之理者. 有指其散殊之理者. 若徒言其體之寂然不動. 不言其用之感而遂通. 徒見本原之理賦與萬物. 不見散殊之理各有其則. 則寂而不感. 終歸於滅. 虛而不有. 終歸於無. 淪而至於斷絶事物之域矣.

만약 뭇 이치(理)를 궁구하여 투철하게 이것을 깨달을 수 있으면, 이 이
치는 지극히 虛하면서도 지극히 實하고, 지극한 無이면서도 지극한 有이
며, 動하면서도 動이 없고, 靜하면서도 靜이 없으며, 淨潔한 것으로서 털
끝만큼도 보탤 수도 없고 털끝만큼도 덜어낼 수 없으며, 陰陽五行과 萬物
萬事의 근본이 되지만 음양오행과 만물만사의 가운데 얽매이지 않으니,
어찌 氣와 섞임이 있어 一體로 인식하여 一物로 볼 수 있겠습니까.[86]

퇴계에게 있어서 이치(理)는 '至虛而至實 至無而至有' '動而無動
靜而無靜'한 것으로, 우주만물의 근원이 되는 것이다. 퇴계는 이러
한 이치(理)의 體와 用에 관하여 다음과 같이 말하였다.

無情意·無造作은 이 이치(理)의 本然之體이고, 깃들인 곳에 따라 발현하
여 이르지 않음이 없는 것은 이 이치(理)의 至神之用임을 알 수 있습니다.
전에는 단지 本體가 無爲한 줄로만 알았고, 妙用이 드러나게 행해질 수
있는 것을 알지 못하여 거의 이치(理)를 死物로 알았으니, 道와의 거리가
어찌 매우 멀지 않겠습니까?[87]

주자가 일찍이 말하기를, "이치(理)에 動靜이 있기 때문에 氣도 動靜이 있
는 것이다. 만약 이치(理)에 動靜이 없다면 氣가 어떻게 動靜이 있을 것
인가?" 하였는데, 이것을 알면 이러한 의심은 없어질 것이다. 생각건대 無
情意 云云한 것은 本然之體를 말한 것이고, 發할 수 있고 生할 수 있는

---

86) 『退溪全書』(1), 答奇明彦·別紙, 424쪽. 若能窮究衆理到得十分 透徹洞見得
此箇物事, 至虛而至實 至無而至有 動而無動 靜而無靜, 潔潔淨淨地 一毫
添不得 一毫減不得, 能爲陰陽五行萬物萬事之本 而不囿於陰陽五行萬物
萬事之中, 安有雜氣而認爲一體看作一物耶?
87) 『退溪全書』(1), 答奇明彦·別紙, 465쪽. 是知無情意造作者此理本然之體也,
其隨寓發見而無不到者 此理至神之用也. 向也但有見於本體之無爲而不知
妙用之能顯行始若認理爲死物, 其去道不亦遠甚矣乎?

것은 至妙之用을 말한 것이다.[88]

다시 말해서 이제까지는 이치(理)를 眞知妙解하지 못하고 이치 (理)의 本體가 無爲함만을 알고 妙用이 있음을 알지 못하여 이치 (理)를 死物처럼 이해하였는데, 朱熹가 말한 '無情意·無計度·無造作' 은 이치(理)의 '本然之體'이고 '能發能生'하고 '隨寓發見無不到'한 것은 이치(理)의 '至神之用' 혹은 '至妙之用'이라는 것이다.

우담은 율곡의 "發하는 것은 氣이고, 發하는 까닭은 理이다"[89]라 는 주장을 비판하고, 이치(理)의 궁극적 실재성·운동성(작용성)·근 원성(주재성)과 이치(理)의 體用(本然之體와 至神之用)을 주장하는 퇴계의 견해를 따르면서 이치(理)에 관하여 다음과 같이 말하였다.

이 이치(理)는 지극한 無이면서 지극한 有이며, 지극히 虛하면서 지극히 實하고, 動하면 서 動함이 없고, 靜하면서도 靜함이 없으며, 비록 氣를 타고 유행하더라도 자연스럽게 그렇게 되는 것으로서 그 作爲함은 보지 못하지만, 性情이 寂感할 때에 이치(理)의 신묘한 작용(神用)이 넘치는 것처럼 드러나 가릴 수가 없으니, 四端이 仁義禮智의 본성에서 빼어나게 직접 나오는 것을 어찌 섞어서 氣發이라고만 하고 理發이라고 하지 않을 수 있겠는가?[90]

---

88) 『退溪全書』(2), 答李公浩·問目, 299쪽. 朱子嘗曰 "理有動靜故氣有動靜. 若 理無動靜氣何自而有動靜乎?" 知此則無此疑矣. 蓋無情意云云本然之體, 能 發能生至妙之用也.

89) 『愚潭全集』 권7.12. 發者氣也. 所以發者理也.

90) 『愚潭全集』 권7.14. 是理也至無而至有. 至虛而至實. 動而無動. 靜而無靜. 雖其乘氣流行. 自然而然. 不見其有所作爲. 而性情寂感之際. 理之神用. 藹然露呈有不可掩. 則四端之粹然直出於仁義禮智之性者. 何可渾謂之氣 發而不謂之理發乎.

하지만 우담은 "理氣가 妙合한 가운데, 理는 항상 主가 되고 氣는 항상 輔가 된다"[91]는 理主氣輔說을 주장하였는데, 이것은 퇴계의 학설을 더욱 발전시킨 것이라고 할 수 있다.

나. 分開와 渾淪의 문제(義理之學과 互發說)
퇴계는 義理之學에서의 같음(同)과 다름(異) 그리고 분석(分開)과 종합(渾淪)에 관하여 다음과 같이 말하였다.

> 무릇 義理之學은 精微함의 극치로서 반드시 마음을 넓게 가지고 眼目을 높게 하여 절대로 먼저 一說로써 主張하지 말고, 마음을 비우고 기운을 고르게 하여(虛心平氣) 느긋하게 그 義趣를 살펴야 한다. 같음(同) 속에 그 다름(異)이 있음을 알고 다름(異)속에 그 같음(同)이 있음을 보며, 나누어 둘이 되어도 그 아직 떨어지지 않음을 해치지 않고 합하여 하나가 되어도 실제로 서로 섞이지 않음에 돌아가, 이에 두루 갖추어 치우침이 없게(周悉無偏) 된다.[92]

> 내가 讀書하는 방법은 무릇 성현이 義理를 말씀한 곳에 대하여 (중략) 分開하여 말한 곳은 分開하여 보되 渾淪에 해가 되지 않으며, 渾淪하여 말한 곳은 渾淪하여 보되 分開에 해가 되지 않게 하여, 사사로운 생각으로 左로 끌로 右로 당기어 分開를 합하여 渾淪으로 만들거나, 渾淪을 쪼개어 分開로 만들지 않는다. 이와 같이 오래 하면 자연스럽게 점차로 그 井然하여 어지럽지 않음을 보게 되고, 점차로 성현의 말씀의 橫說竪說이 각각 마땅함이 있어 서로 妨礙되지 않음을 알게 된다.[93]

---

91) 『愚潭全集』 권7.14. 以其理氣妙合之中. 理常爲主. 氣常爲輔.
92) 『退溪全書』(1), 答奇明彦論四端七情第一書, 406쪽. 大抵義理之學精微之致必須大著心胸高著眼目, 切勿先以一說爲主, 虛心平氣徐觀其義趣. 就同中而知其有異, 就異中而見其有同, 分而爲二而不害其未嘗離, 合而爲一而實歸於不相雜, 乃周悉而無偏也.

　　퇴계에 의하면 義理之學이란 心·氣를 비우고 고르게(虛心平氣)
하여 같음(同) 가운데서도 다름(異)을 볼 수 있고 다름(異) 가운데서
도 같음(同)을 볼 수 있어야 하며, 分開하여 보고 渾淪하여 보면서
도 이를 通看할 수 있어야 '周悉無偏'할 수 있으며, 이런 周悉無偏
한 通觀에 의하여 '眞知妙解'도 가능하게 된다고 하였다.

　　陳來는 朱子學의 性情論과 四端七情의 문제에 관하여 다음과 같
이 말하였다. 주희의 철학에서 감정(情)에는 두 용법이 있다. 하나
는 맹자가 말한 四端을 가리키고, 다른 하나는 『中庸』에서 말한 七
情을 가리킨다. 四端은 도덕적 감정으로서 순수하게 선하며 악이
없고, 七情은 인간의 모든 감정을 일반적으로 가리키는 것으로서
선도 있고 악도 있다. 주희는 사단을 인·의·예·지의 性에서 발현되
는 것으로 생각하였다. 이러한 생각은 "性은 發하여 情이 되고, 情
은 性에 근거한다(性發爲情, 情根於性)"는 기본 원칙에 합치한다.
그러나 喜怒哀樂 등의 칠정에 善惡과 邪正이 있다면, "칠정 가운데
서 발현되어 선하지 않은 감정도 인·의·예·지의 性에서 발현된 것
인가?"라는 문제에 부딪치게 된다. 만일 선하지 않은 情이 純善한
性에서 발현된 것이라면, 이는 이론적으로 모순이다. 또한 주희는
칠정 가운데 선하지 않은 부분은 性에서 발현되는 것이 아니라고
한 적이 없는데, 이것은 주자학이 해결하지 못한 문제이다. 주희 철
학에서는 理와 氣가 함께 사람을 구성하는데, 氣는 사람의 형체(形)
를 구성하고, 理는 사람의 본성(性)을 구성한다고 주장하였다. 이러
한 견해에 근거하여 퇴계는 四端과 七情이 理와 氣로 나뉜다고 주

---

93) 『退溪全書』(1), 答奇明彦論四端七情第二書·後論, 422쪽. 滉讀書之拙法, 凡
　　聖賢言義理處 (중략) 分開說處作分開看而不害有渾淪, 渾淪說處作渾淪看
　　而不害有分開, 不以私意左牽右制, 合分開而作渾淪, 離渾淪而作分開. 如
　　此久久自然漸見其有井井不容紊處, 漸見得聖賢之言橫說竪說各有攸當不
　　相妨礙處.

장하면서 도덕적 감정(四端)은 사람의 본성(理)에서 발현하지만, 일
반적·생리적 감정(七情)은 사람의 형체(氣)에서 발현한다고 주장하
였다. 퇴계가 제시한 "四端發於理, 七情發於氣"라는 명제는 주자학
이 지닌 性情論의 모순을 해결하였다.[94]

退溪는 8년에 걸쳐 高峯과 四端七情에 관하여 논쟁하였는데, 이
런 논쟁을 통하여 드러난 두 사람의 근본적 입장은 理氣互發·七情
對四端(退溪)과 理氣共發·七情包四端(高峯)으로 비교할 수 있다. 퇴
계는 四端은 純善한 감정이고 七情은 有善惡 혹은 '本善而易流於
惡'한 감정으로서 질적인 차이가 있다고 보았고, 고봉은 七情이란
인간의 감정을 모두 말하는 것이고 四端은 七情 가운데 善한 것만
을 가리키는 것으로서 전체와 부분의 관계라고 하였다.

퇴계의 사상은 사람됨의 완성을 지향하는 실천적 인간학이며,
기본적으로 도덕철학이다. 그리고 이러한 퇴계의 인간학과 도덕철
학의 구체적인 내용을 이루는 것이 바로 四端七情·人心道心說과
敬인데, 四端七情·人心道心說이 마음(心)의 구조와 작용에 대한
분석을 통해서 본래성(本然之性)을 회복하고 도덕적인 주체성을 확
립할 수 있는 근거와 논리를 제시해주는 것이라면, 敬(持敬)이란 이
를 실현하기 위한 구체적인 방법이라고 할 수 있다. 따라서 四端七
情이 理發이냐 氣發이냐 하는 문제에 관한 논의는 단순히 개념에
대한 분석이나 논리적인 타당성의 문제로 끝나는 것이 아니라, 감
정(情)의 善惡을 어떻게 해석하고 惡으로 흐르기 쉬운 감정(情)을
어떻게 善한 것으로 변화시킬 수 있는가 하는 存養省察(敬)의 문제
로 귀결된다. 다시 말해서 四端七情에 관한 논의는 삶 혹은 앎(知)
과 함(行)의 주체로서의 자신을 어떻게 변화시킬 것인가 하는 실천
적인 혹은 실존적인 의미를 지니고 있다.

---

94) 陳來, 『宋明理學』, 335-336쪽.

우담은 이러한 퇴계의 義理之學의 입장을 따르면서 四端(理發而氣隨之)과 七情(氣發而理乘之)에 관하여 다음과 같이 말하였다.

무릇 퇴계의 설은 곧 주자의 말을 祖述하여 주자가 남겨둔 뜻을 미루어 밝힌 것이다. 주자의 말이 분명하지 않은 것은 아니지만, 理發과 氣發이라고만 하였기 때문에 퇴계는 또한 理發의 아래에 氣隨를 붙였는데, 氣隨라는 것은 그 氣가 이치(理)를 따르고 이치(理)는 氣가 없으면 發하지 못함을 밝힌 것이다. 氣發의 아래에 理乘을 붙였는데, 理乘이라는것은 이치(理)가 氣를 타고 氣가 이치(理)를 떠나서 發하지 못함을 밝힌 것이다. 이것은 참으로 分開하여도 渾淪에 해가 되지 않고, 渾淪하여도 分開에 해가 되지 않는 것을 말하는 것이다. 배우는 사람들은 여기에서 퇴계의 意趣가 돌아가는 곳을 깊게 연구하고 그 幾微를 정밀하게 살펴보면, 한 마음 속에서 理氣가 互發하고 相須하는 妙를 눈앞에서 밝게볼 수 있을 것이다.[95]

이렇게 볼 때 四端과 七情이 모두 '氣發理乘'이라고만 주장하는 것은 다름(異)을 보지 못하고 같음(同)만을 보거나, 分開할 줄을 모르고 渾淪에만 치우치는 견해라고 할 수 있다.

(3) 要約 및 맺는 말

이제까지 우담은 퇴계의 사상을 어떻게 이해하였는가 하는 문제에 관하여 그의 가장 중요한 저술이라고 할 수 있는 『四七辨證』, 그

---

95) 『愚潭全集』 권7.15. 夫退溪之說. 卽祖述朱子之言. 而推衍朱子之餘意也. 朱子之言. 非不分明直截. 而以其單言理發氣發之故. 退溪又於理發之下. 繫之以氣隨. 氣隨云者. 明其氣之順理而理未嘗無氣而發也. 氣發之下. 繫之以理乘. 理乘云者. 明其理之乘氣而氣未嘗無理而發也. 此眞所謂分開而不害爲混淪. 混淪而不害爲分開者也. 學者於此酙繹其意趣之歸. 精察其幾微之際. 則一心之中. 理氣互發相須之妙. 瞭然在目.

리고 그 가운데에서도 이치(理)에 대한 眞知妙解와 이치(理)의 體用
및 分開와 渾淪의 문제(義理之學과 互發說)를 중심으로 살펴보았는
데, 그 내용을 요약해보면 다음과 같다.

첫째, 우담은 기본적으로 퇴계를 주자의 嫡傳으로 보면서, 理氣
에 대한 변론(理氣之辨)과 性情의 근원(性情之原)에 대한 퇴계의 眞
知·實得을 따르고 실천하려고 하였다.

둘째, 우담은 옛날과 지금 사람들의 學問과 道術이 어긋난 이유
는 다만 '理'字를 알기 어렵기 때문이라고 하면서, "發하는 것은 氣
이고, 發하는 까닭은 理이다"라는 율곡의 주장을 비판하고, 이치
(理)의 궁극적 실재성·운동성(작용성)·근원성(주재성)과 이치(理)의
體用(本然之體와 至神之用)을 주장하는 퇴계의 견해를 따르지만,
"理氣가 妙合한 가운데, 理는 항상 主가 되고 氣는 항상 輔가 된
다"[96]는 理主氣輔說을 주장하면서 퇴계의 학설을 더욱 발전시켰다
고 할 수 있다.

셋째, 우담은 心·氣를 비우고 고르게(虛心平氣)하여 같음(同) 가
운데서도 다름(異)을 볼 수 있고 다름(異) 가운데서도 같음(同)을 볼
수 있으며, 分開하여 보고 渾淪하여 보면서도 이를 通看할 수 있어
야 '周悉無偏'할 수 있으며, 이런 周悉無偏한 通觀에 의하여 '眞知妙
解'도 가능하게 된다는 퇴계의 義理之學의 정신을 따르면서, 율곡
의 '氣發理乘一途說'을 비판하고 四端은 '理發而氣隨之'이며 七情은
'氣發而理乘之'라는 퇴계의 互發說을 옹호하였다.

이렇게 볼 때 우담은 퇴계의 理氣·心性에 관한 견해를 깊고 바르
게 이해하고, 理主氣輔說 등을 통하여 보다 구체적으로 설명하면서,

---

96) 『愚潭全集』 권7.14. 以其理氣妙合之中. 理常爲主. 氣常爲輔.

퇴계의 정신에 따라서 실천하며 살려고 노력하였다고 할 수 있다.

　마지막으로 하늘(天)과 인간(人) 그리고 몸(身)과 마음(心)에 관해 노래한「新谷松林口占」이라는 詩를 적으면서 이 글을 맺으려고 한다.

　　　하늘(天)이 곧 마음(心)이고 마음이 곧 道이네
　　　도는 顯微를 가리지 않고 天人을 일관하는 것
　　　이 몸(身)과 마음(心)을 존귀하게 여겨야 함을 알고 나니
　　　거울(鏡) 속의 하늘 빛(天光)이 저절로 새롭구나[97]

　*이수건, 嶺南學派의 形成과 展開, 일조각(1998)
　*금장태, 退溪學派의 思想 Ⅰ·Ⅱ, 집문당(1996)
　　　　　退溪學派와 理철학의 전개, 서울대 출판부(2000)
　*퇴계연구소(편), 退溪學脈의 지역적 전개, 보고사(2004)
　*고려대 한국사상연구소(편), (자료와 해설)한국의 철학사상, 예문서원(2001)

2) 恒齋 李嵩逸의 栗谷에 대한 비판

(1) 存齋·恒齋에 관한 자료(연구)

　退溪學派가 형성되는 과정에 있어서 매우 중요한 인물인 葛菴 李玄逸(1627-1704)의 兄弟인 存齋 李徽逸(1619-72)과 恒齋 李嵩逸 (1631-98)은 栗谷의 학설(理氣論과 心性說)을 어떻게 이해하고 비판 하였는가?

　그런데 存齋와 恒齋가 율곡의 사상에 관해서 논하거나 비판한 자료 그 자체가 많지 않을 뿐만이 아니라, 이제까지 이에 관한 연

---

97)『愚潭全集』권1.1.天卽是心·心卽道, 道無微顯一天人, 知尊這箇身心的, 鏡裏天光自在新.

구가 거의 이루어지지 않았다. 存齋와 恒齋의 사상을 알 수 있는 1차 자료(原典과 번역)는 다음과 같은 것들이 있다.

*存齋先生文集, 경인문화사(1997) / 存齋集(韓國文集叢刊)
*恒齋先生文集, 경인문화사(1997) / 恒齋集(韓國文集叢刊)
*恒齋先生文集·續集(연세대 중앙도서관 귀중본열람실)
*(國譯)恒齋先生文集(유정기 譯註), 항재선생문집국역간행소(1992)
*河謙鎭 纂, 東儒學案·上(第六編)

그리고 存齋·恒齋의 사상을 이해하는데 도움이 되는 2차 자료(저술과 논문)는 대표적으로 다음과 같은 것들을 들 수 있다.

*이수건, 嶺南學派의 形成과 展開, 일조각(1998)
*금장태, 退溪學派의 思想 Ⅰ·Ⅱ, 집문당(1996)
　　　　　 退溪學派와 理철학의 전개, 서울대 출판부(2000)
*퇴계연구소(편), 退溪學脈의 지역적 전개, 보고사(2004)
　　　　　 鶴峰 金誠一과 安東지역의 퇴계학맥(권오영)
　　　　　 葛菴 李玄逸과 寧海지역의 퇴계학맥(박홍식)
　　　　　 敬堂 張興孝의 사상과 문학(최두식)
*한국국학진흥원, 韓國儒學思想大系Ⅲ(哲學思想編·下), 예문서원(2005)
　　　　　 제15장 조선 후기의 주요논쟁과 쟁점(문석윤)
*유명종, 朝鮮後期性理學(韓國思想史Ⅱ), 이문출판사(1985)
　　　 제3장 退溪學派의 人物性同異論
　　　 제5장 敬堂 張興孝, 存齋 李徽逸, 恒齋 李嵩逸

存齋와 恒齋에 관하여는 葛菴과의 관계 속에서 생애와 學脈이 조금씩 언급되고 있으며, 사상 그 자체 및 율곡비판에 관해서는 유명종(1985)의 연구가 있을 뿐이고, 이와 함께 人物性同異의 문제에 관한 문석윤(2005)의 연구가 있다.

(2) 인물(생애)과 學脈(學風)

存齋와 恒齋의 學脈(學風)은 退溪로부터 敬堂 張興孝(1564-1633)[98]를 거쳐 다음과 같이 이어진다고 할 수 있다.[99]

李徽逸

退溪→金誠一→張興孝(外祖)→李時明(父)→李玄逸→李栽
柳成龍   李嵩逸

存齋 李徽逸은 外祖父인 敬堂 張興孝 先生에 관한 行狀을 썼는데. 그의 學脈과 관련된 내용을 인용해보면 다음과 같다.

> (敬堂은)鶴峰 金先生을 스승으로 섬겨 학문하는 방법(爲學之方)을 배웠는데, 한결같이 이치를 밝히고 몸을 닦는 것(明理修身)으로서 요체를 삼았다. 그리하여 마침내 과거공부를 포기하고, 『小學』과 『近思錄』을 尊信하고, 여러 經傳에 널리 통하였으며, 정밀하게사색하고 힘써 실천했으며, 떨치고 일어나 용기있게 求道를 자기의 임무로 삼았다. 金先生이 자주 이르기를 "이 아이는 학문하는데 定力이 있으니 앞으로 크게 이룸이 있을 것이다. 나는 後生 가운데 이 사람을 얻었노라"라고 하였다. 金先生이 돌아가신 뒤에 다시 西厓 柳先生을 모시고 오래도록 공부하여 造詣가 더욱 깊게 되었다. 어느날 밤에 西厓 柳先生을 모시고 '이치(理)'에 관하여 논했는데, 柳先生이 등불을 가리키면서 말하기를 "불의虛한 곳이 理인가?"라고 하였다. 敬堂은 대답하여 말하기를 "虛와 實은 대립하지만 理는 無對이므로 虛를 理라고 할 수 없을 것 같습니다"라고 하였다. 柳先生은 바로

---

98) 유명종, 朝鮮後期性理學(제5장), 이문출판사(1985). 231-233쪽 및
   최두식, 敬堂 張興孝의 사상과 문학, 퇴계연구소(편), 퇴계학맥의 지역적 전개, 보고사(2004)
99) 금장태, 退溪學派의 사상 Ⅰ, 집문당(1996), 265쪽.

대답하여 말하기를 "虛에는 虛의 理가 있고 實에는 實의 理가 있다"라고 하였다.[100]

敬堂은 '이치를 밝히고 몸을 닦는 것'(明理修身)을 학문하는 방법(爲學之方)의 요체로 삼았는데, 처음에는 鶴峰에게 배우다가 나중에는 西厓에게도 배웠는데, 그의 사상과 관련된 부분을 인용해보면 다음과 같다.

性은 道의 體이며, 道는 性의 用이니, 이것을 일컬어서 道의 全體라고 한다. 크게는 天地이며 작게는 사물의 微細한 것까지 하나라도 이 道 가운데 갖추어지지 않은 것이 없으며, 크게 변화하고 流行함이 끊어진 적이 없지만, 반드시 그 사람을 기다린 뒤에 이루어지니, 진실로 그 사람이 아니면 道는 스스로 道이며 사람은 스스로 사람이니, 어찌 管攝함이 있겠는가? 반드시 '敬以直內'하여 萬物로 하여금 大本의 가운데 이미 갖추어 지도록하고 '義以方外'하여 本體로 하여금 日用의 사이에서 露呈되게 한다면, 體用이 나에게 있고 天人이 틈이 없으니, 이것이 修德凝道의 커다란 실마리이다.[101]

---

100) 「敬堂先生行狀」『存齋集』 권6, 66쪽.
師事鶴峯先生 得聞爲學之方 一以明理修身爲要. 遂棄擧子業 尊信小學
近思錄 而博通乎諸經傳 精思力踐 奮勇直前 慨然以求道爲己任. 金先生
亟稱曰 此子爲學有定力 他日大有所就. 吾於後生中得此人矣. 金先生旣
歿 復從西厓柳先生 講磨旣久 造詣益深. 嘗夜侍柳先生論理字, 柳先生指
燈火 曰火之虛處是理乎. 先生對云 虛與實爲對理無對, 似不可以虛爲理
也. 柳先生卽應之曰 虛有虛之理, 實有實之理.

101) 위와 같음. 67쪽. 性者道之體也, 道者性之用也, 此之謂道之全體也. 大而
天地小而事物細微 無一不具於道之中, 大化流行未嘗間斷, 而必待其人而
後行, 苟非其人 則道自道人自人何嘗管攝乎. 必也敬以直內 使萬物已具
於大本之中 義以方外 使本體露呈於日用之間 則體用在我天人無間, 此修
德應道之大端也.

　　敬堂은 '敬以直內'와 '義以方外'를 통하여 體用이 나에게 있고 天人이 틈이 없도록 하는 것이 '修德凝道'의 커다란 실마리라고 하였으며, 이어서 行狀에서는 세상의 학자들의 문제에 관하여 다음과 같이 말하고 있다.

　　세상의 학자들이 잘못되는 원인은 내가 있다는 사사로움(有我之私)에 빠지고 이치의 근원은 하나라는 것(理之一原)을 모르기 때문인데, (敬堂은 말하기를)"天地萬物은 본래 나와 一體이며 나에게 이치(理)가 있으면 다른 사람에게도 또한 이치(理)가 있으니, 나는 옳다고 하고 다른 사람은 그르다고 하는 것이 어찌 다른 사람과 나를 모두 잊는(人我兩忘) 것과 같겠는가? 나의 몸(身)을 보지 않고 단지 나의 이치(理)를 보며, 다른 사람의 몸(身)을 보지 않고 단지 다른 사람의 이치(理)를 본다. 다른 사람과 나는 사물(物)이며 사물이 있으면 반드시 이치(理)가 있으니, 사물을 보지 않고(不見物) 단지 이치를 볼(見理) 뿐이다."라고 하였으며, 또한 말하기를 "나는 많기를 바라고 다른 사람은 적기를 바라는 것은 내가 있기(有己) 때문이다. 내가 없다면(無己) 누가 많기를 바라며 누가 적기를 바라겠는가? 내가 이기기를 바라고 다른 사람이 지기를 바라는 것도 또한 내가 있기(有己) 때문이다. 내가 없다면(無己) 누가 이기기를 바라고 누가 지기를 바라겠는가? 나 또한 다른 사람이며 다른 사람도 또한 나이니 무엇을 뽐낼 것이 있으며, 나 또한 하늘이며 하늘 또한 나이니, 무엇을 원망할 것이 있겠는가?[102]

　　이렇게 볼 때 敬堂은 학자들이 잘못되는 근본적인 원인은 '見理' 하지 않고 '見物'하기 때문에 '無己'가 아니라 '有己'에 집착하게 되어, 내가 있다는 사사로움(有我之私)에 빠지고 이치의 근원은 하나

---

102) 위와 같음. 67-68쪽.

라는 것(理之一原)을 모르기 때문에, 내가 다른 사람보다 많이 가지려고 하고 이기려고 하며 또한 뽐내고 원망하게 된다는 것이다. 다시 말하면 '見物'하지 않고 '見理'하면 이치의 근원은 하나라는 것(理之一原)을 깨닫고 내가 있다는 사사로움(有我之私)에 빠지지 않게 되어, 다른 사람보다 많이 가지려고 하고 이기려고 하거나 또한 뽐내고 원망하는 것으로부터 벗어날 수 있다는 것이다.

葛菴은 26세 때 형 李徽逸과 함께 『洪範衍義』의 편찬계획을 세우고, 60세(1686) 때 완성하였다. 그리고 조카인 密庵 李栽는 修學期인 19세 때 李嵩逸을 따라 배웠으며, 편지로 朱子의 「太極圖說解」『中庸章句』를 비롯하여 『儀禮』의 몇 편에 관하여 토론하기도 하였고, 30, 40대의 晚學期에는 恒齋를 스승으로 모시고 편지로 張橫渠의 內外·賓主의 문제에 관하여 변론하였으며, 『論語』의 富貴貧賤의 說과 『大學』의 表裏精粗의 說에 관하여도 변론하였다.[103]

恒齋의 사상을 논하기 전에, 그가 쓴 漢詩 가운데 그의 사상을 이해하는데도 도움이 될 수 있는 시 2편을 인용해보면 다음과 같다.

시내 위에서(川上吟)[104]

일찍이 물결을 보는 방법을 배우고,
다시 이와 함께 物과 我를 알게 되었네.
마음을 가지고 서로를 비교하는 것이
어찌하여 크게 서로 어긋나는가.

---

103) 금장태, 退溪學派의 사상 Ⅱ, 집문당(1996). 70-71쪽.
104) 詩, 『恒齋集』 권1, 488쪽. 早學觀瀾述, 還兼物我知, 將心較逝者, 胡奈太相違.

청량산에 오르며(登淸凉山)[105]

頂上에 오르니 아주 멀리까지도 보이는데,
이 작은 몸이 우주 속에서 사는 것이 우습구나.
이 마음이 造化의 근원과 통하니,
바로 天地를 하나의 구슬놀이처럼 볼 수 있네.

이러한 2편의 시를 통하여 恒齋가 宇宙와 人生에 관한 넓고 깊은
철학적 사유를 얼마나 詩的으로 잘 표현하고 있는가를 알 수 있다.

(3) 恒齋의 栗谷說에 대한 비판

恒齋 李嵩逸의 사상은 「答栽姪太極圖說問目」[106] 「書栗谷李氏四端
七情書後」[107] 「栗谷李氏說辨」[108] 등을 통해서 알 수 있다.

이 가운데 栗谷의 理氣論과 心性說에 관한 恒齋의 견해와 비판
의 중요한 내용이 들어있는 문장을 인용해보면 다음과 같다.

> 율곡은 말하기를 "羅整庵은 人心과 道心을 體用으로 삼았는데, 비록 그
> 名義는 잃었다고 하더라도 오히려 大本上에서는 본 것이 있다"라고 하였
> 고, 또한 "整庵의 잘못은 名目上에 있고 退溪의 잘못은 大本上에 있으니,
> 퇴계의 잘못이 더욱 무겁다"라고 하였다.
> 무릇 율곡이 말한 大本이란 과연 무엇을 가리켜서 말한 것인가? 人心道
> 心은 모두 性命에 근원하지만 氣發한 뒤에 人心과 道心의 구별이 있게 되
> 니, 근원은 하나이지만 흐름은 둘이라는 것(源一而流二)이 율곡의 知見의

---

105) 詩, 『恒齋集』 권1, 488쪽. 登臨絶頂極遐觀, 笑寄微躬宇宙間. 賴有此心通造
化, 直將天地弄丸看.
106) 書, 『恒齋集』 권3. 518-519쪽.
107) 雜著, 『恒齋集』 권4, 526-527쪽.
108) 雜著, 『恒齋先生文集·續集』 권2.

骨子이다. 무릇 여러 說의 차이가 모두 이로부터 나왔으니, 이 說이 다르게 된 까닭은 또한 理無爲說에 말미암아 잘못된 것이다.

시험삼아 말해본다면 先儒가 말한 "理는 無爲하고 氣는 有爲하다"는 것은 "理는 情意가없고 氣는 작용(用)이 있다"는 것에 지나지 않으며, 情意가 없다는 것은 작용(用)이 있는것과 같지 않다는 것일 뿐이지, 참으로 理가 어지럽고 아득하여 體만 있고 用이 없는 것(有體無用之物)이 아니다.

율곡은 이런 잘못에 집착하여 바꿀 수 없는 定論이라고 생각하며, 비록 先賢께서 논한 "太極에 動靜이 있고 理에 스스로 動靜이 있다"는 說은 모두 사고하지 아니하고 곧 마음대로 立論하여 陰陽動靜을 논함에 이르러 곧 "陰이 靜하고 陽이 動하는 것은 기틀이 스스로 그러한 것(機自爾)이지 시키는 것이 있는 것은 아니며, 陽의 動은 곧 理가 動을 타는것이지 理動이 아니고 陰의 靜은 곧 理가 靜을 타는 것이지 理靜이 아니다"라고 하였다. 그는 源頭의 宗旨를 이와 같이 잘못 이해하였으니, 곧 또한 그 說이 어지럽고 어긋나게 됨은 이상한 일이 아니다.

그러므로 그가 人心道心의 或原과 或生을 논할 때 곧 "그 旣發을 보고 立論하여 그 근원은 곧 단지 '氣發理乘一途'일 뿐이다"라고 하였고, 四端七情이 서로 발용함(互有發用)이 있다는 것을 논하여 곧 "七情은 四端을 兼하고 七情의 밖에 다시 四端이 있는 것이 아니다"라고 하였으며, 天人合一의 이치를 논하여 곧 "인간의 마음만이 '氣發理乘'이 아니라 천지의 변화도 '氣發理乘'이 아닌 것이 없다"고 하였다. 이것은 단지 陰陽에 動靜이 있는 것만 알고, 다시 太極에 스스로 動靜의 妙함(太極自有動靜之妙)이 있는 것을 모르기 때문에, 앞뒤로 말한 것이 氣一邊을 주장한 것이 아닌 것이 없으니, 어찌 源頭가 한번 잘못되면 무한한 잘못이 발생한다는 것이 아닌가? …

朱子가 또 말하기를 "理에 動靜이 있기 때문에 氣에 動靜이 있다. 만약 理에 動靜이 없다면 氣는 무엇으로부터 스스로 動靜이 있겠는가?"라고 하였고, 또 말하기를 "太極은 스스로 動靜할 수 있으며, 결코 흙덩어리처럼 있는 것이 아니다"라고 하였다. 이에 근거하면 율곡이 말한 "陽의 動은 곧 理가 動을 타는 것이지 理動이 아니고 陰의 靜은 곧 理가 靜을 타는 것이지 理靜이 아니다"라는 것은 잘못이다. …

가만히 미루어 생각해보면 인간의 마음에만 理動과 氣動의 구별이 있는 것뿐만이 아니라, 비록 天地의 변화도 또한 四端七情처럼 理氣로 나누어 말할 수 있다. 대개 元亨利貞의 이치는 生長收藏에서 발현하니, 비유하면 仁義禮智의 性이 發하여 四端이 되는 것과 같으니, 어찌 理發이라고 하지 않겠는가? 陰陽의 氣가 感觸하여 寒暑·風雨·雷霆·霜雹이 되는데, 비유하면 氣質之性이 發하여 七情이 되는 것과 같으니, 어찌 氣發이라고 하지 않겠는가? 이와 같다면 율곡이 말한 "天地의 변화도 또한 氣發理乘이 아닌 것이 없다"는 것은 좌우로 모순되어 모두 돌아갈 곳이 없으니, 슬프도다.[109]

---

109) 雜著, 「書栗谷李氏四端七情書後」, 『恒齋集』 권4, 526-527쪽.
栗谷之言曰 羅整庵以人心道心爲體用, 雖失其名義却於大本上有見, 又曰 羅整庵之失在於名目上 退溪之失在於大本上, 退溪之失較重矣. 夫栗谷所謂大本者 果何所指而言邪. 人心道心皆源於性命 被氣發後有人與道之別, 源一而流二者 爲栗谷元來知見骨子. 凡諸說之差 都從此樣中摸出去, 此說之所以差 又有於理無爲之說誤之也. 請試言之 先儒所謂理無爲氣有爲者 不過曰理無情意氣有作用 無情意者不如有作用者云爾, 非眞以理爲蕩蕩茫茫 有體無用之物也. 栗谷執此誤 認以爲不可易之論, 雖有先賢所論太極有動靜理自有用之說 皆不暇致思 乃敢肆然立論, 至論陰陽動靜 則曰陰靜而陽動 機自爾也 非有使之者也, 陽之動則理乘於動非理動也 陰之靜則理乘於靜非理靜也. 其於源頭宗旨錯解旣如此, 則亦無怪乎其說之紛紜穿鑿也. 是故其論人心道心之或原或生 則曰見其旣發而立論矣 其源則只是氣發理乘一而已, 論四端七情之互有發用 則曰七情兼四端七情之外更無四端, 論天人合一之理 則曰非特人心爲氣發而理乘也天地之化無非氣發而理乘也. 是蓋徒知陰陽之有動靜不復知太極自有動靜之妙, 故前後云云無非主張氣一邊底說, 豈非所謂一錯了源頭生出無限醜差者乎. … 朱子又曰 理有動靜故氣有動靜, 若理無動靜氣何自而有動靜乎, 又曰 太極自會動靜決非塊然自守之物而已. 據此則栗谷所謂陽動則理乘於動非理動也 陰靜則理乘於靜非理靜也者爲謬矣. … 因竊以類而推之 非但人心有理動

율곡은 理氣와 心性의 문제에 관하여 인간의 마음(心)뿐만이 아니라 천지의 변화(天地之化)가 모두 '氣發理乘'이고 '機自爾'이며, 人心道心은 모두 性命에 근원하지만 氣發한 뒤에 人心과 道心의 구별이 있게 되는 것으로서 근원은 하나이지만 흐름은 둘이고(源一而流二), 七情은 四端을 兼하고 七情의 밖에 다시 四端이 있는 것이 아니라고 하였다.

이러한 율곡의 견해에 대하여 恒齋는 이것은 근본적으로 '理無爲說'로부터 비롯하여 理를 '有體無用之物'로 보는 잘못에 빠져있다고 비판하면서, 朱子의 "太極에 動靜이 있고 理에 스스로 動靜이 있다" "理에 動靜이 있기 때문에 氣에 動靜이 있다. 만약 理에 動靜이 없다면 氣는 무엇으로부터 스스로 動靜이 있겠는가?"라는 說 등에 근거하여 '太極自有動靜之妙'를 주장하였으며, 인간의 마음(心)에만 理發(仁義禮智의 性이 發하여 四端이 되는 것)과 氣發(氣質之性이 發하여 七情이 되는 것)의 구별이 있는 것이 아니라 천지의 변화(天地之化)에 있어서도 元亨利貞의 이치가 生長收藏에서 발현하는 것을 理發이라고 할 수 있고 陰陽의 氣가 感觸하여 寒暑·風雨·雷霆·霜雹이 되는 것을 氣發이라고 할 수 있다고 하면서, 理의 능동성을 강조하고 理氣互發說을 주장하였다.

恒齋는 또한「栗谷李氏說辨」에서 율곡의 학설에 관하여 다섯 항목으로 나누어서 비판하고 있는 데, 그 중요한 부분을 인용해보면 다음과 같다.

氣動之別, 雖天地之化亦可以分言理氣如四端七情之爲也. 蓋元亨利貞之理發見於生長收藏, 譬如仁義禮智之性發爲四端, 豈非所謂理發者乎. 陰陽之氣有所感觸爲寒暑風雨雷霆霜雹, 譬如氣質之性發爲七情, 豈非所謂氣發者乎. 是則栗谷所謂天地之化亦無氣發而理乘者 尤可見其左牽右碍都無所著落也, 噫.

율곡은 말하기를 "理氣가 만약 서로 떨어진다면, 程子가 말한 '陰陽無始'라는 것은 虛語가 될 것이다"라고 하였다. 理가 있으면 氣가 있고 氣가 있으면 理가 있으니, 서로 떠날 수 있는 것이 아니다. 程朱이래로 退溪 선생에 이르기까지 원래 理氣가 서로 떨어진다는 說은 없었는데, 율곡은 退溪의 理氣互發說을 비판하기 위하여 치우친 말을 세워서 다른 사람의 話頭를 덮었으니, 그 好勝하고 自是하는 폐단이 어찌 여기에까지 이르렀는가? 程子의 말을 인용하여 理氣가 서로 떨어지지 않음을 증명한 것은 더욱 주제에도 맞지 않는 것 같으니 이해할 수가 없다.[110]

다시 말하여 程朱이래로 退溪에 이르기까지 기본적으로 理氣의 不離와 不雜을 전제로 하면서도 퇴계와 퇴계학파에서는 理氣의 不雜의 측면을 강조하는 것인데, 율곡은 이것을 마치 不離를 부정하고 理와 氣를 두 개의 사물(二物)처럼 보는 것으로 오해하고 비판하는 것은 그 好勝하고 自是하는 폐단이 너무 지나치다는 것이다.

(4) 人物性同異의 문제에 관한 견해

人物性同異에 관한 論辨은 퇴계학파와 율곡학파 모두에게서 발견되며, 퇴계학파에서는 1664년에 葛菴과 恒齋의 사이에서 논쟁이 이루어졌으며, 또한 愚潭 丁時翰(1625-1707)은 1700년에서 1702년까지 자신의 문인인 畏庵 李栻과 더불어 人物性同異論辨을 벌였다.[111]

---

110) 『恒齋先生文集·續集』 권2, 4쪽. 栗谷曰 理氣若相離 則程子所謂陰陽無始者爲虛語矣. 有理則有氣有氣則有理 相離不得, 程朱以來我退陶元無理氣相離之說矣, 栗谷欲攻我李先生理氣互發之說 設詖辭以蔽人話頭, 其好勝自是之弊一至此哉. 所引程子之言以證理氣不相離者 則尤似不着題不可曉.

111) 유명종, 朝鮮後期性理學(제3장. 退溪學派의 人物性同異論), 이문출판사(1985).

한국국학진흥원, 韓國儒學思想大系Ⅲ(제15장 조선 후기의 주요논쟁과 쟁점, 문석윤), 예문서원(2005)

이런 문제에 관하여 葛菴은 동생에게 보낸 편지에서 다음과 같이 주장하였다.

> 무릇 이 理는 氣質에 떨어져 스스로 하나의 性이 되니, 비록 가장 신령한 인간도 仁에가깝고 義에 가까운 다름이 있음을 벗어나지 못한다. 하물며 禽獸와 草木의 性은 形氣에얽매여 全體를 通貫함이 있을 수 없으니, 理가 비록 갖추어져 있더라도 그 性이 됨은 치우치고 온전함의 다름이 없을 수 없는 것이다.[112)

이에 대하여 恒齋는 葛菴의 견해를 비판하면서, 다음과 같이 주장하였다.

> 보내주신 편지에서 비록 많은 말을 하셨지만, 그 요점은 '사람은 五常의 德을 갖추고 있지만 동물은 五常의 德을 갖출 수 없다'는 것입니다. … 제 생각으로는 동물이 갖춘 것도 또한 五常의 德이라고 하지 않을 수 없습니다. … 天이 만물에 부여한 것은 命이며, 만물이 이 命을 얻어서 태어난 것은 性입니다. 그러므로 命으로서 말하면 元亨利貞이라 하고, 性으로서 말하면 五常의 德이라고 합니다. 그러므로 사람에게 있고 동물에게 있는 것이 비록 氣稟의 차이는 있지만, 理는 같지 않음이 없습니다.[113)

---

112) 與應中(甲辰), 『葛菴集』 권17, 3쪽. 大凡此理墮在氣質中 自爲一性, 則雖以最靈之人 不免有近仁近義之殊. 況禽獸草木之性 梏於形氣而不能有以通貫乎全體, 則理雖具足 而其所以爲性不能無偏全之異.

113) 上葛菴兄, 『恒齋先生文集‧續集』 권1, 29쪽.
伏承示諭 雖累千言, 其要不過曰 人則具五常之德 物則不可具五常之德. … 謬見以爲, 物之所具者 亦不可不爲五 常之德. … 蓋天之所以賦與萬物者 命也, 萬物之所以得乎是命而生者 性也. 故以命言之 則謂之元亨利貞, 以性言 之 則所謂五常之德也. 是故在人在物者 雖有氣稟之異, 而理未嘗不同也.

이렇게 볼 때 人物性同異의 문제에 관하여 葛菴이 異論의 입장이라면, 恒齋는 同論의 입장이라고 할 수 있다. 恒齋는 이러한 자신의 견해를 太極論과 연결하여 다음과 같이 논하였다.

> 모든 사물이 각각 五常之理를 갖추었다는 것은 곧 각각 하나의 太極을 갖추었다(各具一太極)는 것을 말합니다. 태극이 하나의 사물 가운데 갖추어져 있으면 한번 陰하고 한번 陽하는 도리가 자연스럽게 發出하게 되니, 태극은 결코 한 덩어리처럼 스스로를 지키는 사물(塊然自守之物)이 아닙니다. 그러므로 그것이 있는 곳에 따라 한번 動하고 한번 靜하는 사이에서 드러나며, 혹은 한번 屈하고 한번 伸하는 사이에 깃들며, 한번 숨을 내쉬고 한번 숨을 들이 쉬며 한번 열리고 한번 닫힘에 이르기 까지 태극이 그렇게 하는 것(太極之爲)이 아님이 없다. 지금 말하기를 그 體는 있지만 그 用은 없다(有其體而無其用)고 말한다면, 이것은 어둡고 막힌 견해이니 마침내 의문이 없을 수 없는 것입니다.[114]

恒齋는 太極은 '塊然自守之物'이 아니며 動靜·屈伸·呼吸·闔闢이 모두 '太極之爲'라고 하면서, '有其體而無其用'의 입장을 비판하고 太極(理)의 작용성을 강조하는 입장에서 자신의 同論을 정당화하고 있다.

(5) 요약 및 결론

이제까지 恒齋 李嵩逸이 理氣와 心性에 관한 栗谷의 학설을 어떻게 이해하고 비판하였는가 하는 문제를 중심으로 서술해보았으며, 人物性同異의 문제에 관한 견해도 간략하게 살펴보았다.

이제까지의 논의 가운데 중요한 내용을 다시 요약해보면 다음과 같다.

---

114) 위와 같음.

첫째, 存齋 李徽逸은 栗谷의 학설을 직접적으로 비판한 내용은 없지만, 敬堂 張興孝 先生에 관한 行狀을 썼으며, 敬堂과 葛菴을 연결시켜주는 역할을 하였다. 敬堂은 '이치를 밝히고 몸을 닦는 것'(明理修身)을 학문하는 방법(爲學之方)의 요체로 삼으면서 '敬以直內'와 '義以方外'를 통하여 體用이 나에게 있고 天人이 틈이 없도록 하는 것이 修德凝道의커다란 실마리이며, 학자들이 잘못되는 근본적인 원인은 '見理'하지 않고 '見物'하기 때문에 '無己'가 아니라 '有己'에 집착하게 되어, 내가 있다는 사사로움(有我之私)에 빠지고 이치의 근원은 하나라는 것(理之一原)을 모르기 때문에, 내가 다른 사람보다 많이 가지려고 하고 이기려고 하며 또한 뽐내고 원망하게 되는 것이라고 하였다.

둘째, 恒齋 李嵩逸은 葛菴의 사상이 密庵 李栽로 이어지는데 중요한 역할을 하였다. 그의 조카인 密庵 李栽는 修學期에는 李嵩逸을 따라 배웠으며, 편지로 朱子의「太極圖說解」『中庸章句』를 비롯하여『儀禮』의 몇 편에 관하여 토론하기도 하였고, 晩學期에는 恒齋를 스승으로 모시고 편지로 張橫渠의 內外·賓主의 문제에 관하여 변론하였으며,『論語』의 富貴貧賤의 說과『大學』의 表裏精粗의 說에 관하여도 변론하였다.

셋째, 율곡은 理氣와 心性의 문제에 관하여 인간의 마음(心)뿐만이 아니라 천지의 변화(天地之化)가 모두 '氣發理乘'이고 '機自爾'이며, 人心道心은 모두 性命에 근원하지만 氣發한 뒤에 人心과 道心의 구별이 있게 되는 것으로서 근원은 하나이지만 흐름은 둘이고(源一而流二), 七情은 四端을 兼하고 七情의 밖에 다시 四端이 있는 것이 아니라고 하였다.

이러한 율곡의 견해에 대하여 恒齋는 이것은 근본적으로 '理無爲說'로부터 비롯하여 理를 '有體無用之物'로 보는 잘못에 빠져있다고 비판하면서, 朱子의 "太極에 動靜이 있고 理에 스스로 動靜이 있다"理에 動靜이 있기 때문에 氣에 動靜이 있다. 만약 理에 動靜이 없다면 氣는 무엇으로부터 스스로 動靜이 있겠는가?"라는 說 등에 근거하여 '太極自有動靜之妙'를 주장하였으며, 인간의 마음(心)에만 理發(仁義禮智의 性이 發하여 四端이 되는 것)과 氣發(氣質之性이 發하여 七情이 되는 것)의 구별이 있는 것이 아니라 천지의 변화(天地之化)에 있어서도 元亨利貞의 이치가 生長收藏에서 발현하는 것을 理發이라고 할 수 있고 陰陽의 氣가 感觸하여 寒暑·風雨·雷霆·霜雹이 되는 것을 氣發이라고 할 수 있다고 하면서, 理의 능동성을 강조하고 理氣互發說을 주장하였다.

또한 程朱이래로 退溪에 이르기까지 기본적으로 理氣의 不離와 不雜을 전제로 하면서 도 퇴계와 퇴계학파에서는 理氣의 不雜의 측면을 강조하는 것인데, 율곡은 이것을 마치 不離를 부정하고 理와 氣를 두 개의 사물(二物)처럼 보는 것으로 오해하고 비판하는 것 은 그 好勝하고 自是하는 폐단이 너무 지나치다는 것이다.

넷째, 人物性同異의 문제에 관하여 퇴계학파에서도 葛菴과 恒齋 그리고 愚潭 丁時翰과 畏庵 李栻의 사이에서 論辯이 이루어졌는데, 葛菴이 異論의 입장이라면 恒齋 李嵩逸은 同論의 입장이라고 할 수 있다. 恒齋는 太極은 '塊然自守之物'이 아니며 動靜·屈伸·呼吸·闔闢이 모두 '太極之爲'라고 하면서, '有其體而無其用'의 입장을 비판하고 太極(理)의 작용 성을 강조하는 입장에서 자신의 同論을 정당화하고 있다.

이렇게 볼 때 存齋 李徽逸과 恒齋 李嵩逸은 敬堂과 葛菴과 密庵을 연결시켜주는 역할을 하였으며, 특히 恒齋 李嵩逸은 人物性同異의 문제에 관하여 葛菴과 견해를 달리 하였지만,理의 능동성과 理氣互發을 강조하는 퇴계학의 정통적인 입장을 계승하고 있다고 생각된다.

*存齋先生文集, 경인문화사(1997) / 存齋集(韓國文集叢刊)
*恒齋先生文集, 경인문화사(1997) / 恒齋集(韓國文集叢刊)
*恒齋先生文集·續集(연세대 중앙도서관 귀중본열람실)
*(國譯)恒齋先生文集(유정기 譯註), 항재선생문집국역간행소(1992)
*河謙鎭 纂, 東儒學案·上(第六編)
*한국국학진흥원, 韓國儒學思想大系Ⅲ(哲學思想編·下), 예문서원(2005)
*유명종, 朝鮮後期性理學(韓國思想史Ⅱ), 이문출판사(1985)

3) 栗谷學派의 文學觀과 詩論

(1) 栗谷學派와 沙溪·尤庵

이 장에서는 栗谷 이후 栗谷學派의 대표자라고 할 수 있는 沙溪 金長生(1548-1641) 그리고 尤庵 宋時烈(1607-1689)의 文學觀과 詩論에 관하여 고찰해보려고 한다.

율곡학파에는 李珥를 정점으로 그의 嫡傳이었던 沙溪 金長生을 비롯하여 重峯 趙憲(1544-1592), 守夢 鄭曄(1463-1625) 등이 있으며, 김 장생의 門下에는 愼獨齋 金集(1574-1656)을 비롯하여 尤庵 宋時烈, 同春堂 宋浚吉(1606-1672), 谿谷 張維(1587-1638) 등이 있다. 율곡학파 는 이이라는 탁월한 철학자의 출현과 함께 김장생이라는 훌륭한 제자에 의해 그 문호가 융성해졌으며, 송시열에 의해 학파로서의 성격과 위상이 분명해졌다고 할 수 있다.115)

이제까지 沙溪의 禮學이나 尤庵의 道學에 관한 연구는 많이 이 루어졌지만, 그들의 詩와 문학에 관한 연구는 거의 이루어지지 않 았다. 하지만 사계와 우암을 잘 이해하기 위해서는 그들의 예학과 도학에 관해서 뿐만이 아니라 시와 문학도 함께 연구가 되어야 할 것이다.

---

115) 황의동, 「주기설의 확립과 실천적 경세론」, 조선유학의 학파들, 예문서 원(1995), 201-202쪽.

(2) 栗谷의 「精言妙選序」

栗谷은 기본적으로 이런 孔子와 朱熹의 文學觀과 詩論을 따르고 있으며, 율곡의 문학관과 시론은 대표적으로「精言妙選序」를 통해서 살펴볼 수 있다.

人聲의 精은 말이며, 詩는 말의 精이다. 시는 性情에 근본한 것으로서 矯僞하여 이루어지는 것이 아니다. 聲音의 높고 낮음은 自然에서 나오는 것이다. 詩經의 3백편은 人情을 남김없이 읊었고(曲盡人情) 사물의 이치에 넓게 통달하였으며(旁通物理) 優柔忠厚하여 바름으로 돌아갔으니, 이것이 시의 本源이다. 그런데 세대가 내려올수록 風氣가 점차로 어지러워져서 시를 짓는 것이 모두 性情의 바름(性情之正)에 근본하지 못하여 혹은 문장을 꾸며서 사람들의 눈을 즐겁게 하는 것이 많다.

나는 오랫동안 병 때문에 閒居하면서 신음하는 가운데 틈틈이 때때로 古時를 수집하여 여러 體를 갖추었다. 시의 본원이 오랫동안 막히고 末流만 많아져서 배우는 사람이 어지러워 그 길을 찾지 못할까봐 두려워하여, 감히 그 가장 정미롭고 본받을 만한 것을 골라 8편으로 엮어 圈點을 찌고 이름하여「精言妙選」이라 하고, 沖淡한 것을 그 머리로 삼아 시의 源流를 알게 하였다. (중략)

시가 비록 학자의 能事는 아니지만, 또한 性情을 노래하고(吟詠性情) 淸和한 기운을 宣暢하여 가슴 속의 더러운 찌꺼기를 씻어내는 것으로, 存養하고 省察하는 공부에 도움이 되는 것이니, 어찌 억지로 字句나 꾸미며 감정을 옮기고 마음을 방탕하게 하기 위한 것이겠는가? 이 책을 보는 사람은 여기에 주의해야 할 것이다.[116]

위에 나타난 율곡의 견해를 요약해보면, 율곡은 말의 精으로서

---

116)『栗谷全書』(1)(성대 대동문화연구원, 1986) 권13, 269쪽.

의 詩는 性情에 근본한 것으로서 矯僞하여 이루어지는 것이 아니라고 하였으며, 시가 비록 학자의 能事는 아니지만 性情을 노래하며(吟詠性情) 存養하고 省察하는 공부에 도움이 된다고 하면서, 性情의 바름(性情之正)에 근본한 優柔忠厚하고 沖淡한 시를 높이 평가하고 있다. 이렇게 볼 때 율곡의 견해는 공자의 '思無邪'와 주희의 '文以載道' '性情之正'을 그대로 따르고 있다고 할 수 있다.

(3) 沙溪의 文學觀과 詩論

沙溪는 율곡의 嫡傳으로서, 율곡학파의 문호를 넓게 하였으며, 東方 禮學의 宗匠으로 불린다. 그는 龜峰 宋翼弼(1534-1599)에게서 禮學을 전수 받고, 율곡에게서 성리학을 전수받아 율곡학파의 正脈을 이어갔으며,『家禮輯覽』,『疑禮問解』,『喪禮備要』,『典禮問答』,『近思錄釋疑』등의 저술을 남겼다. 그런데 지금 전해지는 그의 詩는 3편 밖에 되지 않으며,「최여윤을 애도하며(挽崔汝允)」「가야산에서 윤정경을 만나다(伽倻山逢尹正卿)」「다시 가야산에서 노닐며(再遊伽倻山)」등이다.

이제까지 그의 禮學에 관해서는 많은 연구가 이루어졌지만, 그의 시와 문학에 대해서는 거의 연구가 이루어지지 않았다. 그가 禮를 무척 중요시하면서 禮에 관하여 깊게 탐구하였지만, 3편의 시를 포함하여「龜峯集後跋」「養性堂記」등의 자료를 참고로 이해해볼 때, 그가 시적 재능이 없다거나 시 그 자체를 부정했다고 단정할 수는 없다고 생각된다.

사계는「龜峯集後跋」에서 시에 관하여 다음과 같이 말하고 있다.

詩는 性情에 근본하여 느낌에 따라서 나오므로, 善惡을 감출 수 없는 것은 분명하다. 그 詩를 읊고 그 글을 읽으면서 그 사람을 모를 수 있겠는가? 先師께서는 평일에 聖賢의 글을 읽고 程朱學을 講說하면서 小學으로

스스로 다스리셨으니, 文詞는 다만 그 나머지일 뿐이다. 그 詩를 살펴보
면 高雅簡逸하고 悠然自得하여 모두 學問 속에서 나온 것으로서, 吟風咏
月하는 사람은 조금이라도 닮을 수 없는 것이니, 참으로 덕이 있는 사람
(有德者)의 말이다. … 詩集이 버려져 있은 지 오래되었는데, 벗인 沈士敬
이 鴻山을 다스리는 몇 개월 동안에 곧바로 이를 간행하니, 또한 가상한
일이다.117)

　사계는 구봉 선생의 시집을 간행하면서, 詩란 性情에 근본하고
느낌에 따라서 나오는 것(詩本性情, 隨感而發)이라고 하면서, 선생
은 늘 程朱學을 講說하면서 小學으로 스스로 다스렸는데, 그의 詩
는 高雅簡逸하고 悠然自得하여 모두 學問 속에서 나온 참으로 덕
이 있는 사람(有德者)의 말로서, 吟風咏月하는 사람은 조금이라도
닮을 수 없는 것이라고 하였다. 다시 말해서 사계는 학문을 통해서
德은 기르지 않고 吟風咏月이나 하는 그런 시는 비판하였지만, 학
문 속에서 우러나오는 高雅簡逸하고 悠然自得한 有德者의 말로서
의 시까지도 부정한 것은 아니라는 것을 알 수 있다.
　이와 함께 그가 삶 속에서 사람들과 어울려 얼마나 시를 읊고
즐겼는가를 「養性堂記」를 통해서 살펴볼 수 있다.

　　遯巖 숲속에 옛날에 '雅閑'이라는 정자가 있었다. 본래는 세조 때의 文士
　　崔淸江의 별장이었는데, 뒤에 伯祖父께서 얻으셨고, 내가 이어서 살게 되
　　었다. … 만약 일찍이 벼슬하기이전에 이곳을 찾아 위로는 산을 즐기고
　　(仰而樂山) 아래로는 물을 보면서(俯而觀水) 사물을 관찰하여 이치를 깨
　　닫고(觸物悟理) 涵泳優遊하였다면, 마음(心)을 수양하는 공부에 도움이
　　없지 않았을 것이다. 그런 뜻이 있었지만 결정을 내리지 못한 것이 오래

---

117) 『沙溪遺稿』 권5.

되었다가, 올해에 비로소 돌아오게 되었다. 정자에는 옛날에 새겨서 걸어 놓은 詩들이 있었는데, 그 가운데 하나가 나의 先祖 政丞公이 지은 것이다. 나는 일찍이 그곳에서 諷詠하면서 다시 여러 名作들을 구해다가 이어 놓았었는데, 임진란 때 정자와 함께 모두 불타버렸다. 요즘 앉으나 서나 슬픈 마음이 들어 옛터에 작은 집을 지어 다시 여러 詩들을 새겨놓고 때때로 보면서 스스로 풀었다(時觀而自釋). 또한 이름을 고쳐 '養性'이라 하고, 當世의 시인들에게 和答을 구한다.[118]

사계는 雅閑亭의 옛터에 養性堂을 짓고 여러 시들을 새겨놓고 諷詠하면서 즐겼으며, 여러 사람들에게 和答을 구한다고 한 것을 볼 때, 그가 禮學의 대표자일 뿐만이 아니라 뛰어난 시적 감성을 가진 인간이었다는 것을 알 수 있다.

지금 남아 있는 3편의 시 가운데 2편을 읽어보기로 한다.

伽倻山逢尹正卿[119]

邂逅伽倻山	가야산에서 우연히 만났는데
行裝帶雨痕	행장이 비에 젖어 있었지
相逢方一笑	서로 만나 그렇게 한번 웃고
相對却忘言	마주보며 오히려 말을 잊었네

위의 시에서는 셋째 구와 넷째 구에서 "相逢方一笑 相對却忘言"라고 하여, 가야산에서 우연히 벗 윤정경을 만난 것이 너무 반가워서 다른 말이 필요없을 정도였음을 담백하게 잘 표현하고 있다.

그리고 아래의 시에서는 50세에 갑자기 죽은 벗 崔汝允의 죽음을 슬퍼하는 마음을 표현하고 있다.

---

118) 위와 같음.
119) 위와 같음.

挽崔汝允[120]

| 吾賢年五十 | 그대 쉰의 나이에 |
| 豈料遽至斯 | 어찌 갑자기 이렇게 될 줄 알았겠소 |

…

早歲至於道	어릴 때부터 道에 뜻을 두고
仁義以爲基	仁과 義를 바탕으로 삼았네
君以我爲師	그대는 나를 스승으로 삼고
我以君爲師	나는 그대를 스승으로 삼았네
相待豈淺淺	서로의 기대가 어찌 적었으랴
古人吾可期	옛사람과 같아지려고 하였지
沈潛聖賢書	聖賢의 말씀에 깊게 젖어
麗澤日相資	학문을 함에 날로 서로 도왔지

…

呼子子不聞	그대를 불러도 그대는 듣지 못하고
哭子子不知	우는 소리를 그대는 알지 못하네
未老先我逝	늙지도 않고 나보다 앞서 떠나가니
老我能幾時	늙은 나는 얼마나 살 수 있겠는가
翻然濁世中	어지러운 세상을 벗어나
長去若屣遺	신발을 버리는 것처럼 멀리 떠났구려
全生又全歸	온전하게 태어나 또 그렇게 돌아가니
在子則何悲	그대는 무엇이 슬프리오
斷絃從此始	이제부터 거문고의 줄을 끊게 되었으니
開卷每相思	책을 펼 때마다 그대 생각나겠구료
好學今也無	배움을 좋아하는 사람 이제는 없으니
吾慟非爲私	내가 슬퍼함은 사적인 것만은 아니라오

---

120) 위와 같음.

위의 시에서는 "我以君爲師 我以君爲師"라고 하여 함께 서로 배우며 공부했던 벗의 죽음 앞에서 "呼子子不聞 哭子子不知" "全生又全歸 在子則何悲"라고 하면서, "好學今也無 吾慟非爲私"라고 하여 이제 앞으로 함께 공부할 수 없는 슬픔과 아쉬움을 노래하고 있다.

(4) 尤庵의 文學觀과 詩論

尤庵은 김장생의 문인으로 율곡의 성리학을 계승하고 발전시켰으며, 春秋義理의 사상을 천명한 철학자이며 정치가였다. 그는 송준길과 함께 수학하였으며, 24살 때 김장생의 문하에서 『近思錄』 『心經』 『家禮』 등을 배웠으며, 다시 김집에게도 배웠다. 12살 때 부친이 "주자는 후세의 공자이며, 율곡은 후세의 주자이니, 주자를 배우려면 율곡으로부터 시작해야 한다"[121]라고 하였다. 이처럼 우암의 학문은 주희와 율곡의 정통적인 학맥을 잇고, 가깝게는 김장생의 학통을 계승하였다. 그는 율곡의 성리학과 송익필의 예학을 김장생을 통해 전수받아 기호유학의 정통적인 학맥을 이었다.[122]

이제까지 理氣와 心性, 義理 등을 중심으로 하는 우암의 도학과 철학에 관하여는 많은 연구가 이루어졌지만, 우암의 시와 문학에 관한 연구는 그렇게 많지 않다.[123]

우암은 시에 관한 崔愼의 물음에 다음과 같이 대답하였다.

---

121) 『宋子大全』 권13, 부록, 「墓表」(權尙夏 撰). 嘗責勉曰 朱子 後孔子也, 栗谷 後朱子也, 學朱子者 當自栗谷始.
122) 황의동, 「주기설의 확립과 실천적 경세론」, 조선유학의 학파들, 예문서원(1995), 216-217쪽.
123) 우암에 관한 연구의 현황과 과제에 관하여는 다음과 같은 논문이 있다. 우경섭, 「尤庵 宋時烈 硏究의 現況과 課題」, 韓國思想과 文化 제44집 (2007), 180-216쪽.
　　그리고 우암의 시와 문학관에 관하여는 김학주, 이병주, 이종묵, 정민 등의 논문이 있다.

이 묻기를 "선비로서 시를 지을 수 없으면 어떠합니까?" 선생이 대답하여 말하기를 "詩와 詞를 짓는 것도 좋지만, 짓지 않아도 또한 된다. 詩와 詞를 지을 수 없다고 무슨 해로움이 있겠는가?"(詩詞作之可也, 不作亦可也. 不能作詩詞, 何害之有)라고 하셨다. 어떤 사람이 杜詩를 배우려고 하였는데, 선생께서는 물리치면서 말씀하시기를 "이런 詩詞는 내가 알지 못하는 것이다"라고 하시며, 사양하면서 가르치지 않으셨다. 어떤 사람이 가진 '愁'字라는 시를 가지고 와서 "선생님께서 지으신 것 같은데 雜說이 많이 있습니다"라고 하면서 최신이 그것의 진위를 물으니, 선생님께서 말씀하시기를 "내가 평생에 이와 같은 雜說을 짓지 않았으며 또한 쓸데없는 문장(無用之文)을 짓지 아니 하였다"라고 하셨다.[124]

그리고 "詩란 諷詠하는 사이에 사람들을 쉽게 감동시켜서, 善을 좋아하고 惡을 싫어하는 마음(好善惡惡之心)을 興起하게 한다"(書閔台叟所編五倫詩後)라고 하면서, 또 다음과 같이 말하고 있다.

묻기를 "朱子의 道德은 孔子 이후에 첫 번째인데, 문장은 어떠합니까?"라고 하니, 선생께서 말씀하시기를 "주자의 문장은 갖추어지지 않은 것이 없는데, 마음에서 우러나오는 대로 辭를 드러낸 것이 문장이 되었으니(從心所欲 吐辭爲文), 아마 문장에 있어서도 주자만한 사람이 없을 것이다"라고 하셨다.[125]

위의 자료들을 참고로 시와 문장에 관한 우암의 견해를 정리해 보면, 우암은 억지로 시를 지으려고 할 필요는 없다고 하면서 雜說이나 無用之文은 짓지 않았지만, "諷詠하는 사이에 사람들을 쉽게 감동시켜서 善을 좋아하고 惡을 싫어하는 마음(好善惡惡之心)을 興

---

124) 『宋子大全』 권18, 부록, 論詞章(崔愼錄·下)
125) 위와 같음.

起하게 하는" 시의 역할을 인정하였으며, "마음에서 우러나오는 대로 辭를 드러낸 것이 문장이 된"(從心所欲 吐辭爲文) 주자의 문장과 같은 것을 무척 중요시하였다.

실제로 우암은 많은 시를 썼으며, 사계와 비교해볼 때 지금까지 많은 시들이 남아 있다. 그 가운데 「次康節首尾吟韻」(1679), 「自警吟」(1686), 「華陽洞巖上精舍吟」[126] 세편을 읽어보려고 한다.

먼저 「次康節首尾吟韻」은 북송의 유학자인 邵雍(1011-1077)의 '首尾吟'을 次韻한 134편의 連作詩로서, 제1구(尤翁非是愛吟詩)와 제2구(尤翁非是愛吟詩)가 같으며 처음 말한 것을 끝에서 다시 강조하는 구조로 이루어져 있는데, 이 시에서 우암은 자신의 인생과 학문 그리고 도학의 연원과 역사 등에 관하여 노래하고 있다.[127] 그 가운데 제1수와 제2수를 적어보면 다음과 같다.

(第一)

尤翁非是愛吟詩	尤翁이 詩 읊기를 좋아함이 아니라
詩是尤翁慕古時	詩 읊는 것은 옛것을 사모할 때니라
堯舜羲軒雖邈矣	요순과 희헌이 비록 아득해도
禹湯文武却承之	우탕과 문무께서 이를 이으셨네
詩書禮樂無非教	시서와 예악은 가르침 아닌 것이 없으니
神聖仁賢儘著題	성현들이 글에 모두 드러났네
千萬年人都一箇	천년 만년 사람들은 모두 하나이니
尤翁非是愛吟詩	尤翁이 詩 읊기를 좋아함이 아니로다

---

126) 조종업, (완역)우암송선생시집, 경인문화사(2004)
127) 이 시에 관하여는 정민의 「尤庵 先生〈首尾吟〉134首 管窺」(韓國思想과 文化 제42집, 2006)가 있다.

(第二)

尤翁非是愛吟詩	尤翁이 詩 읊기를 좋아함이 아니라
詩是尤翁著眼時	詩 읊는 것은 뭔가를 깨닫는 때니라
磅礴昆侖誰主是	무한한 우주는 그 누가 주재하는가
氤氳肅殺自無私	맑은 기운이 합하여 절로 사사로움이 없네
流行待對皆微顯	유행하고 대대함에 모두 감춰지고 드러나며
闔闢柔剛只偶奇	닫고 엶과 강유는 모두 음과 양이로다
大小不同皆一貫	크고 작음은 다르나 모두 일관되니
尤翁非是愛吟詩	尤翁이 詩 읊기를 좋아함이 아니로다

제1구와 제8구의 "尤翁非是愛吟詩"는 소옹의 "堯夫非是愛吟詩"를 次韻한 것으로서, 우암은 제1수의 제1구와 제2구에서 "尤翁非是愛吟詩 詩是尤翁慕古時"라고 하여 요순으로부터 비롯되는 도학의 연원(慕古)을 노래하면서 제7구와 제8구에서 "千萬年人都一箇 尤翁非是愛吟詩"라고 하여 옛날이나 지금이나 변하지 않는 하나의 가치가 있음을 노래하고, 제2수의 제1구와 제2구에서 "尤翁非是愛吟詩 詩是尤翁著眼時"라고 하여 觀物과 察理를 노래하면서(著眼) 제7구와 제8구에서 "大小不同皆一貫 尤翁非是愛吟詩"라고 하여 우주 만물의 이치가 하나임을 노래하고 있다.

그리고 80세 때 쓴 「自警吟」이라는 시를 적어보면 다음과 같다.

我年今八十	내 나이 이제 팔십인데
追憶平生事	平生의 일을 추억하니
尤悔如山積	잘못과 후회가 산처럼 쌓여
一筆難可記	한 붓으로 기록하기 어렵구나
…	
妄以世道責	망령스럽게 世道의 책임을

自任於一己	이 몸으로 스스로 맡았네
一車薪火熾	한 수레의 나무가 불타오르는데
詎容一杯水	어찌 한 그릇의 물로 끌 수 있는가
適足爲焦爛	불에 타서 문드러질 뿐
譏訕四外至	꾸짖고 나무람이 사방에서 이르네
凡玆莫可追	이러함을 어찌할 수 없으니
一心徒惴惴	이 마음이 두려울 뿐이네
…	
朝乾夕亦惕	아침에 부지런하고 저녁에 삼가
動息必有事	움직이고 쉴 때 꼭 할 일이 있으니
兩進是明誠	明과 誠이 함께 나가고
偕立有敬義	敬과 義를 함께 세워
謹當書左右	삼가 左右에 써놓고
顚沛泊造次	언제 어디서나 이를 실천하리라

위의 시에서는 "我年今八十 追憶平生事 尤悔如山積 一筆難可記"라고 하여 그동안의 삶을 후회하면서, 앞으로 날마다 自警하고 수양하면서 살겠다는 마음을 표현하고 있다.

그리고 아래의「華陽洞巖上精舍吟」이라는 시에서는 자연 속에서 공부하면서 살고 싶은 마음을 노래하고 있다.

溪邊石崖闢	시냇가 바위 벼랑 펼쳐진 곳
作室於其間	그 사이에 집을 지었노라
靜坐尋經訓	靜坐하고 經의 가르침을 찾으며
分寸欲躋攀	시간을 아껴 따르려고 한다네

(5) 요약 및 결론

栗谷 그리고 沙溪와 尤庵의 文學觀과 詩論에 관한 논의를 요약해보면 다음과 같다.

첫째, 율곡은 말의 精으로서의 시는 性情에 근본한 것으로서 矯僞하여 이루어지는 것이 아니라고 하면서, 시가 비록 학자의 能事는 아니지만 性情을 노래하며(吟詠性情) 存養하고 省察하는 공부에 도움이 된다고 하면서, 性情의 바름(性情之正)에 근본한 優柔忠厚하고 冲淡한 시를 높이 평가하고 있다.

둘째, 이제까지 사계의 禮學에 관해서는 많은 연구가 이루어졌지만, 그의 시와 문학에 대해서는 거의 연구가 이루어지지 않았다. 그가 禮를 무척 중요시하면서 禮에 관하여 깊게 탐구하였지만, 지금 남아 있는 「최여윤을 애도하며(挽崔汝允)」「가야산에서 윤정경을 만나다(伽倻山逢尹正卿)」「다시 가야산에서 노닐며(再遊伽倻山)」등 3편의 시를 포함하여 「龜峯集後跋」「養性堂記」 등의 자료를 참고로 이해해볼 때, 그가 시적 재능이 없다거나 시 그 자체를 부정했다고 단정할 수는 없다고 생각된다. 사계는 雅閑亭의 옛터에 養性堂을 짓고 여러 시들을 새겨놓고 諷詠하면서 즐겼으며, 여러 사람들에게 和答을 구한다고 한 것을 볼 때, 禮學의 대표자일 뿐만이 아니라 뛰어난 시적 감성을 가진 인간이었음을 알 수 있다.

셋째, 우암은 북송의 유학자인 邵雍(1011-1077)의 '首尾吟'을 次韻하여 자신의 인생과 학문 그리고 도학의 연원과 역사 등에 관하여 노래한 134편의 連作詩(次康節首尾吟韻, 1679)를 포함하여 많은 시를 썼으며, 사계와 비교해볼 때 지금까지 많은 시들이 남아 있다. 우암은 억지로 시를 지으려고 할 필요는 없다고 하면서 雜說이나 無用之文은 짓지 않았지만, "諷詠하는 사이에 사람들을 쉽게 감동시켜서 善을 좋아하고 惡을 싫어하는 마음(好善惡惡之心)을 興起하게 하는" 시의 역할을 인정하였으며, "마음에서 우러나오는 대로 辭를 드러낸 것이 문장이 된"(從心所欲 吐辭爲文) 주자의 문장과 같은 것은 무척 중요시하였다.

이렇게 볼 때 栗谷 뿐만이 아니라 沙溪와 尤庵도 기본적으로 "詩에서 情感을 일으키고, 禮에서 서며, 樂에서 이룬다" '思無邪'(論語) 그리고 '文以載道'(주렴계)와 '性情之正'(詩集傳序)이라는 孔子와 朱熹의 文學觀과 詩論을 충실하게 따르고 있다고 생각된다.

* 『栗谷全書』(2册), 성대 대동문화연구원(1986)
*(국역)沙溪 金長生 全書(1-9), 민족문화추진회(2006)
*(국역)宋子大全, 민족문화추진회(1983-1995)
*조종업, (완역)우암송선생시집, 경인문화사(2004)
*이두희(外) 번역, 尤庵先生言行錄, 학민문화사(2006)

*조동일, 한국문학사상사시론, 지식산업사(1991)
　　　　 한국의 문학사와 철학사, 지식산업사(1996)
*이민홍, 조선조시가의 이념과 미의식, 성대 출판부(2000)
　　　　 (증보)사림파문학의 연구, 월인(2000)
*정병헌, 고전문학의 향기를 찾아서, 돌베게(1998)
*이택후(권덕주 역), 중국미학사, 대한교과서주식회사(1992)
*황의동, 「主氣說의 확립과 실천적 경세론」,
　　　　 한국사상연구회(편저), 조선유학의 학파들, 예문서원(1996)
*김병국, 「沙溪 金長生의 문학관과 시 연구」,
　　　　 韓國思想과 文化 제18집(2002)
*김학주, 「尤庵의 詩觀과 詩」, 尤庵思想研究論叢, 사문학회(1992)
*이병주, 「朝鮮後期의 尤庵 宋時烈의 詩文學」, 東岳語文論集 제31집(1999)
*이종묵, 「尤庵 宋時烈의 삶과 詩」, 韓國漢詩作家研究 제10집(2005)
*정민, 「尤庵 先生〈首尾吟〉134首 管窺」,
　　　　 韓國思想과 文化 제42집(2006)

7. 實學과 茶山 丁若鏞

1) 實學이란 무엇인가?

(1) 개념(의미)

가. 넓은 의미 : 虛無나 空을 주장하는 老莊과 佛敎를 비현실적이라고 비판하면서, 이와 구별하여 '修己安人'을 추구하는 儒學을 '참된 학문'이라고 강조하는 입장에서 實學이라고 하였다. 이런 의미에서 朱子學(性理學)은 기본적으로 실학이라고 할 수 있다.

나. 좁은 의미 : 理氣論과 心性의 修養을 중심으로 하는 朱子學이 관념적으로 흐르는 것을 비판하면서, 사회·정치·경제 등을 포함한 현실적인 문제들에 대한 구체적인 해결을 중요시하는 조선후기의 사상적 경향 혹은 학파를 실학이라고 하였다.

(2) 형성과 전개(流派)

*실학의 형성은 임진왜란(1592)과 병자호란(1636) 이후 시대적 상황의 변화에 따른 모순(토지제도·조세제도·과거제도·신분제도의 혼란)과 깊은 관계가 있으며, 조선후기의 실학이란 17세기로부터 19세기까지 이어졌던 학풍 또는 사조를 가리킨다.

*17세기에는 실학적 관심과 문제의식이 싹트고, 18세기에는 學派가 성립되었고, 19세기에는 이론적 체계를 갖춘 독자적인 철학을 제시하게 된다. 17세기에는 李睟光(1563-1628)과 柳馨遠(1622-1673)에 의하여 실학적인 관심과 문제의식이 싹트게 되었으며, 18세기에 성립된 실학의 학파는 크게 전반기에 출현한 南人 계열의 星湖學派와 후반기에 출현한 老論 계열의 北學派로 나누어 볼 수 있다. 성

호학파는 농업문제 및 사회제도의 개혁을 중요시하였으며(經世致用), 대표자로는 星湖 李瀷(1681-1763)을 들 수 있다. 북학파는 상공업 및 과학기술의 발전을 중시하였으며(利用厚生), 대표자로는 洪大容(1731-1783)·朴趾源(1737-1805)·朴齊家(1750-1805)를 들 수 있다. 19세기에는 茶山 丁若鏞(1762-1836)에 의하여 실학이 종합적인 체계를 이루었고, 金正喜(1786-1856)에 의하여 '實事求是'의 고증적 방법이 중요시되었으며, 崔漢綺(1803-1877)에 의하여 또 다른 철학이 제시되어 개화(開化)사상으로 이어지게 되었다.

(3) 토론해 볼 문제
가. 實學이란 實體인가, 아니면 運動인가? (역사적 이해와 사상적 이해)

나. 朱子學(性理學)과 實學의 연속성과 非연속성을 어떻게 이해할 것인가?
(反주자학적 혹은 脫성리학적)

다. 실학자들은 물질/경제(利用·厚生)만을 강조하고, 정신/도덕(正德)은 부정하였는가?

라. 근대성의 문제 및 실용주의와의 연관성

*금장태, (개정판)한국실학사상연구, 한국학술정보(2008)

2) 星湖 李瀷(1681-1763)

(1) 實學(致用/材具)
*窮經將以致用也. (星湖僿說)
*聖賢之言 一一皆可以發揮致用, 窮經者爲修己安人之基.
*材具準備方是實學.

(2) 西學에 대한 2중적 태도 → 攻西派와 信西派

*사람은 둥근 지구의 표면에 살고 있기 때문에 사람마다 자기가 살고 있는 곳이 가장 높은 위치이며, 중국도 커다란 지구의 한 조각에 지나지 않는다. (天地門)

*옛날부터 유학자들은 언제나 中華와 夷狄의 구분을 엄격하게 하며, 중국에서 태어나지 않으면 모두 오랑캐라고 하는데, 이것은 통할 수 없는 견해이다. 하늘이 어찌 지역을 가지고 인간을 구별하였겠는가? (安鼎福, 順庵集) → 『東史綱目』

◎Matteo Ricci(1552-1610)와 『天主實義』(北京, 1603)
-中士와 西士의 대화(補儒論的 관점) / 傳敎豫備對話錄-

1601년에 마카오의 예수회로부터 출판허가를 받고, 1603년에 北京에서 출판함

자연이성(natural reason)에 기초하는 Thomas Aquinas의 신학(신의 존재에 대한 증명)을 소개하면서 중국고대의 유학(原始儒學)에서 말하는 天(上帝)은 기독교의 하느님(天主)과 같다고 보지만(제1편), 불교(空)·도교(無)와 함께 新儒學(朱子學)의 理(太極)는 무신론적이라고 비판하였다. 왜냐하면 理나 太極은 어떤 사물에 내재하는 속성(依賴者)일 뿐이며, 독립적 실체(自立者)라고 할 수 없기 때문이라는 것이다.(제2편) 자유의지/심판/천당과 지옥의 존재의 필요성(제6편) 등 *송영배(外) 공역, 『天主實義』, 서울대 출판부(1999)

*天主는 儒家의 上帝와 같다고 하면서도, 天堂地獄說 등은 비판함 (天主實義跋)
*上帝가 비록 천지를 主宰하지만, 어찌 천지를 製作한 이치가 있겠는가?(愼後聃, 西學辨)

*李承薰은 1783년 북경에서 영세를 받음/1785년에 李蘗의 주도로 明禮防에서 예배를 보게 되었고, 이때 乙巳秋曹가 발생하였다. → 辛酉敎獄(1801)

(3) 사회사상

*사람은 귀천이 없이 재물에 의존하는데, 재물은 토지에서 생산된다. 따라서 정치에서 토지제도보다 더 큰 것은 없다. (田制)

*王道정치는 땅의 균등한 분배를 근간으로 하지 않으면 결과는 모든 것이 구차할 뿐이다. 재산의 빈부가 균등하지 못하고 권리의 강약이 서로 같지 않으면, 어찌 나라를 다스릴수 있겠는가? (均田)

3) 湛軒 洪大容(1731-1783) : 『醫山問答』(虛子와 實翁의 대화)

(1) 實學(古學·正學) ←矜心·勝心·權心·利心
*오직 實心과 實事로서 날마다 實地를 밟는다. (湛軒書)
*正心과 誠意는 學과 行의 體이며, 開物成務(急務/大端)는 學과 行의 用이 아닌가?
(2) 氣一元論的 세계관·'以天視物'의 방법론 → 만물평등사상((人與物一/人與物均)
*以人視物, 人貴而物賤, 以物視人, 物貴而人賤, 自天而視之, 人與物均也. ←以道觀之(莊子)
(3) 無限宇宙論/地球·地轉說 → 華夷論으로부터 벗어남(域外春秋論)
(4) 사회사상
*재능과 학식이 있다면 비록 농부나 장사꾼의 자식이 의정부에 들어가 앉더라도 이상할 것이 없고, 재능과 학식이 없다면 비록 정승이나 판서의 자식이라고 하더라도 하인이 되는 것에 원망할 것이 없다. (林下經綸)

4) 燕巖 朴趾源(1737-1805)

*후세에 農工商이 잘못된 것은 곧 士에게 實學이 없는 잘못 때문이다. (燕巖集)←裕民益國之效
*利用厚生은 반드시 正德을 근본으로 삼는다.
*利用한 다음에 厚生할 수 있고, 厚生한 다음에 正德할 수 있다. 利用하지 못하면서 厚生 하기는 어렵다. 厚生이 되지 않는다면, 어떻게 正德할 수 있겠는가? (熱河日記)
*利用과 厚生이 하나라도 되지 않는다면, 正德을 해치게 된다. (朴齊家, 北學議)

5) 秋史 金正喜(1786-1856)

『漢書』河間獻王傳에 이르기를 '實事求是'라고 하였는데, 이 말은 학문의 가장 중요한 방법이다. 만약 사실에 근거하지 않고(不實以事) 다만 공소한 術을 편하게 여기거나, 그 진리를 찾지 않고(不求其是) 다만 선입견에 얽매인다면, 聖賢의 道에 어긋나지 않는 것이 없을 것이다. … 그러므로 학문의 방법(爲學之方)은 반드시 漢·宋의 경계를 나눌 필요가 없고, 鄭王程朱의 장점과 단점을 비교할 필요가 없으며, 朱陸薛王의 문호를 다툴 필요가 없고, 다만 平心靜氣하고 博學篤行하며 오로지 '實事求是'라는 한마디의 말을 실천하는 것이 옳다. (實事求是說)
*고증학(金石學)-『金石過眼錄』/ 진흥왕순수비 ←翁方綱(1733-1818)
*歲寒圖 - 제주도에서 5년째 유배생활을 할 때(1844년), 제자 李尚迪(1804-1865)에게 그려 보낸 그림 (歲寒然後, 知松柏之後凋也. 論語·子罕)

6) 惠崗 崔漢綺(1803-1877)

*「氣測體義(推測錄·神氣通)」(34세)「宇宙策」「地球全要」「氣學」(55세)「人
政」(58세)
*만약 배운 것이 人世事務와 관계가 없다면, 이것은 공허하고 이상
한 학문일 뿐이다. (人政)
*여러 사물은 모두 참되고 절실한 학문이니, 사무를 버리고 학문을
하는 것(捨事務而求學問)은 공허한 학문이다.
*有形可執 處物可驗 爲實學. (氣學)
*神氣, 通, 推測 / 運化(天地運化, 統民運化, 一身運化)
*우주의 여러 나라에서 小異는 風土와 産物이고, 大同은 神氣의 運
化이다. 흩어져 살고 있는 사람들은 小異를 원인으로(因其小異者)
구체적인 행위와 습속을 이루고, 大同을 계승하여(承其大同者) 倫
綱과 政敎를 이룬다. (氣學)

7) 茶山 丁若鏞(1762-1863)

(1) 생애와 저술

*號는 三眉子·茶山·俟菴 등이 있으며, 堂號는 與猶堂이고, 세례명
은 요한이다.
*정약용이 살았던 시대는 18세기 후반-19세기 초반(英祖·正祖·純祖)으
로 조선후기 사회의 마지막 단계요, 역사적 변동기라고 할 수 있다.
　內的 : 사회적(정치·경제적) 모순의 심화 / 다양한 학풍과 이론
　外的 : 서양문물의 전래 / 유학(유교)와 서학(천주교)의 만남과
　　　　갈등

가. 성장기와 수학기(1762-1788)

1762년, 경기도 馬峴(남양주시 능내리)에서 태어남 / 어머니는 海南
    尹氏(尹善道)의 후손

1768(7세) : "小山蔽大山, 遠近地不同"이라는 詩를 씀

1777(16세) : 李承薰과 李家煥을 따라 星湖 李瀷(1681-1763)의 遺稿를
    읽고 실학에 뜻을 둠

*성호선생의 道德과 學問은 古今을 초월한다.

*성호선생은 篤學力行하여 程朱를 따르고 孔子에 까지 거슬러
올라가서, 聖門의 깊은 뜻을 열어 후학들에게 보여 주셨다.

1784(23세) : 李蘗(1754-86)과 함께 배를 타고 오면서 처음으로
천주교 교리에 관하여 듣고,『天主實義』와『七克』등을 읽게 됨
/ 李蘗과 토론을 거쳐 작성한『中庸講義』를 正祖에게 바침(『中
庸講義補』로 수정 보완됨) ←李承薰이 세례를 받고 귀국

나. 仕宦期(1789-1800)

1792(31세) : 수원성(華城)의 설계와 공사에 참여함(城說·起重圖說)
    ←尹持忠 珍山事件(1791)

1795(34세) : 周文謨 신부와 관련하여 충청도 金井驛 察訪으로 좌천
    되었을 때, 退溪의 편지를 읽고「陶山私淑錄」을 적었음
    ←李森煥, 西巖講學記 / 辨謗辭同副承旨疏(1797)

*이상스럽게도 神氣가 편안해지고 志慮가 가라앉아 血肉과 筋脈
이 모두 안정되고 이제까지의 서두르고 거칠던 氣가 조금씩 사
라지니, 한 책에 펼쳐진 것이 참으로 나의 病을 치료하는 藥이
아니겠는가? (答李季受)

1800(39세) : 正祖의 죽음(6월) / 堂號를 與猶堂(與兮若冬涉川, 猶兮
    若畏四隣, 老子)이라고 함

다. 유배기(1801-1818)

1801(40세) : 교회관련 문서사건으로 若鍾은 처형되고 若銓은 신지
도로 유배되었으며, 若鏞은 경상도 長鬐로 유배감(2월)
/ 辛酉敎獄으로 李家煥·權哲身·李承薰은 처형됨

黃嗣永帛書사건(10월)으로 11월에 若銓은 흑산도로 그
리고 若鏞은 康津으로 유배감.

1808년(47세)부터 10년 동안 茶山草堂에 머물며 학문과
저술에 전념하였음(茶山諸生18명)

* 『論語古今註』(1813, 52세), 『孟子要義』『大學公議』『中庸
自箴』『中庸講義補』(1814, 53세) 『心經密驗』(1815, 54세),
『經世遺表』(1817, 56세)

라. 귀향기(1818-1836)

1818(57세) : 9월에 고향에 돌아옴 / 만년에 號를 俟菴이라고 지음

* 『牧民心書』(1818, 봄) 『欽欽新書』(1819, 58세), 「自撰墓誌
銘」(1822, 61세)

1836(75세) : 2월 22일, 결혼 60주년 되는 날 아침에 세상을 떠났다.

*六經四書, 以之修己, 一表二書, 以之爲天下國家(安人), 所以備本
末也.(自撰墓誌銘)

(2) 思想

가. 性理學과 退·栗에 대한 이해

*性理學은 도를 알고 자신을 알아서(知道認己) 스스로 그 사람다
움을 실천하는데 의미가 있는 것이다. … 그런데 지금 성리학을 하
는 사람들은 理니 氣니 性이니 情이니 體니 用이 니 하기도 하고,

本然氣質이니 理發氣發이니 理同氣異니 氣同理異니 하면서 … 사람마다하나의 주장을 세우고 … 자기와 주장이 같으면 인정하고 자기와 주장이 다르면 비판하며, 자신의 주장만을 지극하게 바른 것으로 여기니, 어찌 어리석은 짓이 아니겠는가? … 지금 세속 적인 학문에 빠져있으면서도 朱子를 끌어다가 자신을 정당화하려는 사람들은 모두 주자를 속이 는 사람들이다. 주자가 어찌 그런 적이 있었는가? (五學論) ← 訓詁學·文章學·科擧學·術數學

   *참된 선비의 학문(眞儒之學)은 근본적으로 나라를 다스리고 백성을 편안하게 하며(治國安民) 외적을 물리치고 財用을 충족하게 하며 文과 武를 갖추는 것을 소홀하게 여기지 않았는데, 어찌 옛사람의 文句나 따지고 벌레나 물고기에 대한 注釋이나 달고 긴 옷을 입고서 예절만 지키는 것일 뿐이겠는가? …그런데 오늘의 선비들은 聖賢의 뜻을 알지 못하고 仁義나 理氣 이외에 한마디라도 하면 雜學이라고 하면서, 고리타분한 論說에 집착하는 어리석음으로 부 터 조금이라도 벗어나려고 하지 않기 때문에, 儒學의 道가 없어지고 군주가 선비들을 천시 하게 된 것이다.(俗儒論)

  「退溪와 栗谷의 四端七情論에 대한 평가(理發氣發辨 1·2)」
*두 사람의 理·氣는 文字는 비록 같지만 그 의미(所指)는 **부분적(專)**이냐 **전체적(總)**이냐의 차이가 있다. 퇴계의 주장은 비교적 **분석적(密·細)**이며, 율곡의 주장은 비교적 **종합적(闊·簡)**이다.

   退溪: 四端理發而氣隨之, 七情氣發而理乘之
      -인간의 본성을 중심으로 논함(專取人心上八字打開)
     (理)本然之性·道心·天理之公 /
     (氣)氣質之性·人心·人欲之私(公私之分)

栗谷: 四端七情皆氣發而理乘之
　　　-우주만물을 총체적으로 논함(總執太極以來理氣而公論)
　　　(理)形而上·物之本則 / (氣)形而下·物之形質

*四端과 七情이 모두 내 **마음(心)**으로 말미암아 나오지만, 理發이냐 氣發이냐를 구별하는 것은 단지 개념에 대한 분석이나 논리적 타당성의 문제가 아니라, 靜할 때는 **存養·擴充(存天理)**하고 **動할 때는 省察·克治(遏人欲)**하도록 하기 위해서인 것이다.(治心養性之學)

　　나. 昭事之學 : 天(上帝)와 愼獨/事天
*求天命於本心者 聖人昭事之學也.(中庸自箴) / 皇天上帝, 唯一無二, 至尊而無匹.(尙書古訓)

*所不睹者何也, 天之體也. 所不聞者何也, 天之聲也. … 不睹不聞者, 非天而何? (中庸自箴)
(보이지 않는다는 것은 무엇인가? 하늘의 본체이다. 들리지 않는다는 것은 무엇인가? 하늘의 소리이다. … 보이지 않고 들리지 않는 것은 하늘이 아니고 무엇인가?)

*天之靈明直通人心, 無隱不察無微不燭, 照臨此室日監在茲. 不信降臨者, 必無以愼其獨也.(위와 같음)
(하늘의 靈明함은 인간의 마음속에 곧바로 통하니 아무리 隱微한 것이라고 하더라도 살피지 못하는 것이 없고 밝히지 못하는 것이 없으니, 이 방에 내려와 비추고 날마다 여기서 감시한다. 하늘의 降臨을 믿지 않는 사람은 반드시 그 홀로를 삼가지 않게 된다)

*古聖人事天之學 不外乎人倫, 卽此一恕字 可以事人 可以事天. (論

語古今註)
(옛 성인의 事天하는 학문은 人倫을 벗어나는 것이 아니며, 곧 이
'恕'로써 事人할 수 있고 事天할 수 있다)

*若愼獨以事天, 强恕以求仁, 又能恒久以不息, 斯聖人矣. (心經密驗)
(愼獨하여 事天하고 힘써 恕를 실천하여 仁을 실현하며, 또한 지
속하여 그치지 않을 수 있으면 이런 사람이 聖人이다)

다. 인간관(性嗜好說)
*神形妙合, 乃成爲人. (心經密驗)
*性者心之所嗜好也 … 樂善而惡惡 … 性善也. (論語古今註)
*性이란 嗜好이다. 形軀의 기호도 있고 靈知의 기호도 있는데, 모두
性이다. 따라서 〈召誥〉에는 '節性'이란 말이 있고,〈王制〉에서는 '節
民性'이라고 했으며, 맹자는 '動心忍性'이란 말을 썼고 또 耳目口體
의 기호가 성(性)이라고 했으니, 이것은 형구(形軀)의 기호이다. 天
命之性, 性과 天道, 性善盡性의 性은 靈知의 기호이다. (自撰墓誌銘)

*天之於人予之以自主之權, 使其欲善則爲善欲惡則爲惡, 游移不定其
權在己, 不似禽獸之有定心. 故爲善則實爲己功, 爲惡則實爲己罪, 此
心之權也, 非所謂性也. (孟子要意)
(하늘이 사람에게 自主之權을 주어, 善을 하려고 하면 善을 하고
惡을 하려고 하면 惡을 하게 하였는데, 유동적이며 결정되지 않아
그 權能이 자기에게 있어서 동물에게 定心이 있는 것과 같지 않
다. 그러므로 善을 하면 실제로 자신의 功이 되고 惡을 하면 실제
로 자신의 罪가 되는데, 이것은 마음의 權能이지 본성이 아니다)

라. 사회사상 :「原政」「原牧」「田論」

*「原牧」에서는 "牧民官이 백성을 위해 있는 것인가, 백성이 목민관을 위해 있는 것인가? … 목민관이 백성을 위하여 있는 것이다(牧爲民有). … 그 법이 모두 군주를 높이고 백성을 낮추며(尊主卑民) 아랫사람에게서 긁어다가 윗사람에게 붙여주는(刻下附上) 것이니, 오로지 백성이 목민관을 위하여 살아가는 것(民爲牧生)처럼 보인다"라고 하였다.

*「原政」에서는 "政이란 바르게(正) 하는 것이니, 백성들을 고르게 하는(均民) 것이다"라고하면서, '均民'의 구체적인 방법으로서 土地의 均分/物化의 均通/勢力의 均衡/賞罰의 均公/人才의 均用을 제시하고 있다.

*「田論」에서는 "하늘이 백성을 내고 먼저 그들을 위해 땅을 마련해서 그들로 하여금 먹고 살도록 하고, 이미 또 그들을 위해 임금을 세우고 목민관을 세워서 임금과 목민관으로 하여금 백성의 부모가 되게 하여, 그 산업을 고르게 만들어서 함께 살도록 하였다. …이제 농사를 짓는 사람은 땅을 얻도록 하고 농사를 짓지 않는 사람은 땅을 얻지 못하도록 한다면, 閭田의 법을 시행하여야만 우리의 뜻을 이룰 수 있을 것이다. … 노력을 많이 한사람은 식량을 많이 얻게 되고 노력을 적게 한 사람은 식량을 적게 얻게 되니, 그 힘을 다하여 많은 식량을 얻으려고 하지 않을 사람이 있겠는가? 사람들이 노력을 많이 할수록 땅에서도 많은 이익을 얻게 될 것이다. 땅에서 이익을 얻게 되면 백성들의 재산이 많아지고, 백성들의 재산이 많아지면 風俗이 아름다워지고 孝悌가 세워지게 될 것이니, 이것이토지제도의 가장 좋은 방법이다"라고 하였다.

*금장태, 다산 정약용(儒學과 西學의 창조적 종합자), 살림출판사(2005)
　　　다산평전, 지식과 교양(2011)
*김승혜, 동아시아 종교전통과 그리스도교의 만남, 영성생활(1999

8. 水雲 崔濟愚와 東學

1) 생애(4단계)

제1단계 : 1824년, 경주 柯亭里에서 近庵 崔沃(1762-1840, 63세 때)의
아들로 태어나서, 19세 때(1833) 울산의 박씨 부인과 결혼
할 때 까지(기초화)

*退溪 李滉(1501-1570)→鶴峰 金誠一(1538-1593)→敬堂 張興孝(1564-
1633)→ 葛庵 李玄逸(1627-1704)→密庵 李栽(1657-1730)→大山 李象
靖(1711-1781)→ 畸窩 李象遠→近庵 崔沃→水雲 崔濟愚

"惟退陶夫子, 集東儒之大成, 紹朱子之嫡統. … 濂溪極圖後, 密付
陶山翁."(近庵集)
"老先生理氣互發之說, 至大至公至正之論. 栗谷於此指有病於無病
之中者, 眞栗谷之病也. … 今於退栗兩集, 以公心證之以公眼見之,
則偏說渾淪不如兼說分開."(近庵遺稿)

제2단계 : 결혼한 후 부친의 三年喪을 마치고 31세 때(1854) 까지 약
10년 동안 周遊八方을 함(외면화)

제3단계 : 周遊八方을 끝내고 龍潭으로 돌아온 후, 울산으로 갔다가
다시 용담으로 돌아 와서 得道(1860.4.5)의 체험을 하기까
지(내면화)←呪文
*乙卯天書(1855.3)-어떤 禪師로부터 신비로운 책을 받는 체험을 함
"如此書行之" "書有祈禱之敎"←Matteo Ricci(1552-1610)의 『天主實義』
*千聖山의 內院菴에서 47일 동안(1856), 그리고 寂滅窟에서 49일

동안(1857) 수련을 함. 이름을 濟宣에서 濟愚라고 고침

제4단계 : 得道의 체험으로부터 布德을 거쳐 殉道에 이르기 까지
   (사회화)
   *辛酉布德(1861.6)/接主(1862)/崔時亨에게 道統을 전수함(1863.8)/
   1863년 12월에 체포되고, 1864년 3월에 참형을 당함

2) 저술

『東經大全』(1880, 崔時亨 등 제자들이 강원도 인제 甲遁里에서 漢文
   으로 된 자료들을 모아 木版으로 간행) - 庚辰版(목판본/인제/
   1880.6), 木川版(목활자본/목천/1883.2), 慶州版(목활자본/목천/1883.
   5), 戊子版(목판본/인제/1988.3)「布德文」「論學文」(1861), 「修德文」
   (1862), 「歎道儒心急」(1863)「不然其然」「八節」(1863)「祝文」「呪文」
『龍潭遺詞』혹은『龍潭諭詞』(충청도 단양 泉洞에서 한글가사로 된
   자료들을 모아 간행)-「龍潭歌」「安心歌」「劍訣」(1860), 「教訓歌」
   「道修詞」「勸學歌」(1861), 「夢中老少問答歌」(1862), 「道德歌」「興比
   歌」(1863)

3) 思想

*一世之人 各自爲心, 不顧天理 不顧天命. (布德文) →敬天命/順天理
*侍天主 / 吾心卽汝心 / 守心(修心)·正氣 / 誠·敬·信

(1) 至氣今至願爲大降, 侍天主造化定, 永世不忘萬事知. (21字 呪文)
      (降靈呪)   (本呪文)

(2) 本呪文에 대한 해설(論學文)

　　侍者 內有神靈 外有氣化 一世之人 各知不移者也,

　　主者 稱其尊而與父母同事者也.

　　造化者 無爲而化, 定者 合其德 定其心也.

　　永世者 人之平生也, 不忘者 存想之意也.

　　萬事者 數之多也, 知者 知其道而受其知也.

　　故明明其德 念念不忘, 則至化至氣 至於至聖

(3) 崔時亨(1827-1898) : 事人如天 / 三敬(敬天·敬人·敬物)

　　일상적인 삶이 모두 도가 아닌 것이 없다(日用行事莫非道也)

　　어린아이도 하느님을 모셨으니,

　　어린아이를 때리는 것은 하느님을 때리는 것이다

　　(海月神師法說, 待人接物)

(4) 孫秉熙(1861-1922) : 人乃天 / 1905년 12월 1일 天道敎로 개명

　　신문화운동(개벽/어린이/신인간)

　　　　*김용옥 역주, (도올心得)동경대전, 통나무(2004)
　　　　*표영삼, (水雲의 삶과 생각)동학1, 통나무(2004)
　　　　　　(海月의 고난 역정)동학2, 통나무(2005)
　　　　*윤석산, 초기 동학의 역사(道源記書), 신서원(2000)
　　　　　　동학교조 수운 최제우, 도서출판 모시는 사람들(2004)
　　　　　　동경대전(註解)/용담유사(註解), 동학사(1994/1999)
　　　　*최동희, 東學의 思想과 運動, 성대 출판부(1985)
　　　　　　한국종교사상사(3), 연세대 출판부(1993)

책을 마무리하면서
–'ECOLOGICAL HEALING'을 위하여

동아시아(East Asia)와 儒·道·佛 그리고 한국사상과 退溪學에 관한 이 책의 논의를 요약해보면 다음과 같다.

인류의 문화와 역사 속에서는 몇 가지 類型의 대표적인 세계관과 삶의 方式이 제시되었는데, 그 가운데에서도 孔孟과 老莊 그리고 석가모니에 의해서 原型이 제시된 儒家와 道家 및 佛敎의 세계관과 삶의 방식은 중국·한국·일본을 중심으로 하는 동아시아(East Asia)의 사상과 문화를 이해하는데 중요한 의미를 지니고 있다.

이런 동양의 사상은 기본적으로 마음공부와 생태학적 세계관의 통합으로 이루어져 있다고 할 수 있다. "어떻게 하면 마음공부(修養·修行·修道)를 통하여 자기중심적 그리고 인간중심적 사고와 태도로부터 벗어나서, 다른 사람들과 잘 어울려 살며 또한 동물과 식물을 포함한 우주만물의 연관성에 눈을 뜨고 우주만물과 잘 어울려 살 수 있는가?" 이것은 다시 말하면 主體의 변화와 宇宙的 어울림의 문제라고 할 수 있다. 그리고 儒·道·佛의 문제는 "어떻게 하면 사람답게 살 수 있는가?"(儒家), "어떻게 하면 자연스럽고 자유롭게 살 수 있는가?"(道家), "어떻게 하면 지혜롭게 살 수 있는가?(佛敎)라고 할 수 있다.

중국의 春秋戰國시대에 孔子에 의하여 그 씨앗이 뿌려지고, 漢唐을 거쳐 南宋의 朱熹에 의하여 새롭게 체계화된 儒學(儒敎)은 16세기 朝鮮의 退溪와 栗谷에 이르러 꽃피었으며, 지구촌·정보혁명·

세계화의 시대를 살고 있는 우리의 삶과 文化와 意識 속에도 지하
수처럼 녹아 흐르고 있다.

유학은 주체의 변화(修己·明明德)와 사회적 실천(安人·新民)을
통해서 仁을 실현하고 聖人이 되는 것을 추구하는 사상(仁學·聖學)
이라고 할 수 있다. 그리고 이런 유학의 문제는 존재의 근원에 대
한 관심과 감사(知天/事天), 주체의 변화와 자유(克己/修己), 관계
속의 어울림과 실천(愛人/愛物) 혹은 "(존재의 근원에)감사하고, (존
재자들끼리)사랑하자"라고 요약해볼 수 있지 않을까?

退溪의 삶과 思想을 잘 이해하기 위해서는 퇴계의 존재와 인간
의 문제에 관한 철학적(根源的) 사유, 도덕적 修養을 넘어선 종교적
修行, 漢詩와 「陶山十二曲」등의 詩作을 통한 예술적 표현의 3부분
을 종합적으로 이해할 필요가 있다.

퇴계는 있음(生命)의 초월적 근원으로서의 님을 그리워하면서,
님의 뜻이 무엇인지 알고 싶어 하였고, 그런 님을 믿고 님의 뜻에
따라 살려고 노력하였으며, 그런 님에 대한 그리움을 많은 詩作을
통하여 표현하였다. 퇴계의 삶과 사상 속에서는 感性과 理性과 靈性
혹은 철학적 사유(心과 理)와 종교적 수행(敬), 그리고 예술적 표현
(詩와 詩作)이 유기적으로 통일되어 있으며, 이런 퇴계의 심미적 이
성과 생태적 영성은 오늘날에 있어서 자연과 인간의 조화, 사유와
존재의 일치, 주체와 대상의 합일, 도덕적 수양(敬)과 심미적 체험
(樂)의 통일이라는 문제와 관련하여 깊은 의미가 있다고 생각된다.

마지막으로 自作詩 한편을 적으며, 많이 부족하지만 이 책을 마
무리하려고 한다.

視·聽·言·動에 관하여

눈으로 보고
귀로 들으며
입으로 말할 수 있다는 것은
얼마나 놀라운 일인가?

보아도 보지 못하고
들어도 듣지 못하다가
보이지 않는 것도 볼 수 있고
들리지 않는 것도 들을 수 있다면
얼마나 좋을까?

말할 수 있는 것은 말하고
말할 수 없는 것은
몸짓으로 춤추며 …

姜熙復

1962년, 경기도 安城 출생
수원 수성고등학교 졸업
연세대학교 철학과 졸업
연세대 대학원 철학과 석사·박사 졸업
(철학박사, 한국철학 전공)

주요 논문 및 저서
「退溪의 '心與理一'에 관한 研究」(박사, 2003)
「退溪學의 구조와 그 의미」
「退溪 心學에서의 敬과 즐거움(樂)」
『한국에서의 다문화주의』(공저), 한울(2007)

울산대, 성공회대, 한국예술종합학교, 상명대, 수원/인천가톨릭대(학부·대학원)에서 강의하였다.
지금은 연세대 철학과와 한국교원대 윤리교육과의 학부·대학원에서 강의하고 있으며, 2011년부터 지역의 문화센터에서 일반인들을 대상으로 철학과 문학, 동양의 고전과 지혜를 강의하고 있다.

동아시아와 儒學 그리고 退溪學

초판 1쇄 발행 2014년 09월 30일
초판 2쇄 발행 2014년 10월 10일

저 자 강희복
펴낸이 한정희
펴낸곳 경인문화사
편 집 신학태 김지선 문영주 노현균 김인명
영업 관리 최윤석 하재일 정혜경
등 록 제10-18호(1973.11.8)
주 소 서울시 마포구 마포동 324-3
전 화 (02) 718-4831 팩 스 (02) 703-9711
홈페이지 http://kyungin.mkstudy.com
이메일 kyunginp@chol.com
ISBN 978-89-499-1035-2 93150
정가 14,000원

ⓒ2014, Kyung-in Publishing Co, Printed in Korea
* 잘못 만들어진 책은 구입하신 서점에서 교환해 드립니다.